「不登校」は心の問題なのか？

逃げる・ズレる、を考える

中島浩籌

書籍工房早山

はじめに

ここ五〇年の間、「不登校」はメンタル・心の問題を軸に考えられてきました。なんらかの原因で「メンタル・心」への負担が大きくなって学校に通えなくなっているのだと解釈されてきたのです。

学校を長期にわたって休むだけで「心の病」として扱われ、治療の対象とされた時期もありました。

今世紀に入って、文科省は「心の病」とも「問題行動」とも捉えないようになってきています。しかし、二〇一六年に成立した教育機会確保法は、「不登校児童生徒」を「心理的な負担その他の事由により就学が困難な生徒」であると定義し、依然として心の問題を中心に見続けているのです。

本当にそう捉えてしまっていいのでしょうか。

「不登校」を心への負担を軸に捉えてしまっていいのでしょうか。メンタルの問題を中心に考えていいのでしょうか。

1.「不登校」は問題なことなのか？——「逃げる」ことと「不登校」

「不登校」の人たちは物事に直面した時に簡単に「逃げて」しまう、そういう偏見があります。それは何らかの原因によって心に問題を抱え、弱い心を持っているからなのではないか、と。

そう捉えてしまうことには疑問を感ぜざるを得ません。

そもそも「逃げる」とはそんなにまずいことなのでしょうか？

学校から逃げることはそんなにまずいことなのでしょうか？

そのことを本書では中心に論じていきます。

私は一九七七年から都立高校で社会科を教えていました。しかし六年間勤めた後、教員としてのあり方にいきづまってしまい、教員を辞めてしまいます。その時の感覚はまさに「学校から逃げ出した」という感覚でした。

しかし、直後は苦しんだのですが、フリースペースや私塾にかかわりながら、新しいあり方を模索しながら生きてくることができています。

私にとっては「逃げる」ことはマイナスではなかったのです。

そして、多くの「不登校」生と出会い、「逃げること」そして「不登校」について考え続けています。

その「逃げること」を軸に「不登校」について本書では書いていきます。

「逃げる」についての論考は、一九七〇年代になってからのフランス現代思想、特にG・ドゥルーズの思想の中では重要な位置を占めています。その点を踏まえた上で、「不登校」に関して常に言われてきた「逃げる人は心の弱い人」という見方について批判的に論じていきます。

「逃げる」というと、何か意図的な行為のようにも感じられます。

しかし私が出会った「不登校」経験者の多くは意図的に辞めたというよりも、気がついたら「ふつう」のあり方からはみ出してしまった、ズレてしまったという感覚で辞めています。

その「ズレてしまう」ことと「逃げる」ことのかかわりについても考えていきます。

本書の第二、第三章では、この「逃げること」「ズレること」「漏れること」の意味を「不登校」問題に即して、具体的経験にもとづいて論じていきます。

2.「不登校」と「出来事」について

「不登校」になる契機となった「出来事」についても考えます。

友人が亡くなったり、親が亡くなったり、といった出来事を契機に学校を休みはじめる人がいます。そのことはどんな意味を持っているのでしょうか。

また、一見些細なことのように見える小さな出来事も、人のあり方を大きく変化させていく契機となることがあります。

私自身、学校を辞めるにいたった理由・原因を考える時、何人かの生徒との出会い・出来事を想起します。そして、それらの出会いが学校を辞めることにつながっていったことは確かです。

しかし、それがどんな意味を持ったのかははっきりしません。出来事との遭遇が持つ意味は捉えにくいものです。


では、そういった「出来事」との出会い・遭遇をどう捉えていったらいいのでしょうか。

出来事というと私たちはトラウマをすぐに思い出します。そして周囲の人たちは「不登校」の原因となったトラウマ的な出来事を探そうともします。つまり、何らかのトラウマ的出来事が大きなストレスを生じさせ、それが「不登校」になる契機になったのではないか、と。

しかしもちろん、出来事との出会い・遭遇は苦痛をもたらすだけではありません。ある出会いを契機に苦悩から脱していった人もいますし、新しい生き方をみつけていった人もいます。出会い・出来事が新しい在り方へと創造的に生成変化していく契機になることもあるのです。

それでも、出来事はトラウマ的見方で見られ、ストレスとの関係でしか捉えられないことが多いのです。ストレスコントロールという視点からしか捉えられていないのが現実です。

こういう見方に捉われずに、出来事とは何かについて考えていこうと思います。そのことが「不登校」を新たな視点で捉え直すことにつながっていくからです。

3. 出来事が提起する問題とストレス中心の対応

現代社会は、出来事にどう対応していくかがキーポイントとなっている社会である、そう指摘する思想家もいます。そして新型コロナのパンデミックに際しても、出来事にどう対応すべきかがクローズアップされています。

そこで注視されているのは、どう感染を抑えるかということだけでなく、ストレスにどう対応するかという問題です。学校の休校措置がとられた際にも、生徒、教員、親たちのストレスが議論されました。

二〇世紀の終わり頃からすでに、大きな事故がおこるたびに人々へのストレスが注目され、トラウマ対策が重視されるようになってきています。職場や学校で大きな出来事がおこるとカウンセラーが派遣され、ストレス対策という視点から人々の心のケアがなされるようになりました。アメリカでは、戦争においてさえも、多数の「心の専門家」が従軍して兵士たちのトラウマ対策にあたるようになっています。

何らかのトラブル・出来事がおきた場合、マスコミはトラブルに遭遇した人だけでなくおこした人の心理状態にも焦点をあてる傾向があります。そして事件をおこした人には「ひきこもり」傾向があるのではないか、「～障害」があるのではないかという偏った報道する場合が少なくありません。そしてそのことに乗じて、心に焦点をあてた方策が打ち出されていくこともあるのです。

このように、現代社会では、出来事にどのように対応するかが大きな意味を持つようになってきています。そして「安全・安心」のスローガンの下、ストレス対策としての出来事対応がクローズアップされてきています。「不登校」対策においてもまた、そういった傾向で出来事を捉える傾向が高まっているのです。

しかし、そういった形だけで出来事、そしてそこへの対応を考えてしまってよいのでしょうか。コロナ・パンデミックという大きな出来事でもそうですが、出来事はさまざまな問題を提起します。人間と他の生物や自然との関係をどう捉え返せばよいのか、経済と人間の生命の関係をどう考えれば良いのか、グローバリズムをどう問い直せば良いのか等々、さまざまな根底的な問題を問いかけてきます。

そういった出来事の意味、問題提起性はストレスとの関係だけでは捉えきれないのです。

こういった点について、「出来事」の意味を「不登校」に即して考えるところから論じていきます。そして、出来事・出会いが提起する問題をどう考えていったらよいのかを考えます。

以上述べてきましたように、「不登校」について考える時、「出来事」「逃げる」「ズレる」「漏れる」

という概念が重要なポイントになります。出来事や逃げることを創造的な視点から捉え直していくことが、「不登校」問題を考える際の重要な鍵になるのです。

ただ、もちろん、逃げることだけ考えればよいとか、どんな場合でも逃げるべきであるというつもりはありません。逃げたことによって、自分を責めるようになり、自分の世界の中だけで苦しんでしまう人も少なくありません。新たなあり方を模索していく手前で、苦悩に潰されてしまいそうになることもあります。

それだけに、逃げることを創造的な行為へとつなげていくためにも、共に考えていく場、関係を模索することが必要になってきます。

では、どうすれば「逃げていく」「ズレていく」「漏れていく」行為が創造的な方向性へとつながるように模索していくことが可能となるのでしょうか、そのことも具体的に考えていこうと思います。

以上が本書で考えたいことの主軸となるものです。

※本書では私と何人かの生徒とのかかわりが語られていますが、特定化されるのをさけるために、条件・状況を少し変えています。また、何人かとの経験を重ね合わせて記述しています。

目次

装幀　加藤光太郎
組版　岩谷　徹

第一章　「不登校」はどうみられてきたのか？

第一節　学校を休むことが「心理的な問題」として扱われなかった時代

1．一九五〇年代はじめ頃の長期欠席

学校を長く休むことが問題視され、休む生徒は特別な子で、なにか心に問題を抱えているのではないか、そういった見方が世間にひろまっていったのは一九七〇年代後半から八〇年代前半にかけてです。

しかし、私が小学生だった頃、一九五〇年代はそうではありませんでした。

もちろん学校を長期にわたって欠席する人はいましたが、周囲の人の捉え方は違っていたのです。

一九五〇年代はじめ頃の長期欠席者は小学校で一％を超え、中学校では三％を超えていました

（保坂亨・重歩美・土屋玲子［2017］、第二報）。ちなみに二〇一九年度の長期欠席者は、文科省調べで小学校は一・四％、中学校で五・〇％です。一九五〇年代の調査は年間五〇日以上の欠席、現在は三〇日以上の欠席という条件になっていますので、単純に比べることはできませんが、長期欠席者は当時も今もそれほどかわらずいたということです。

ただ、欠席理由の受け止め方は現在と大きく違っていました。

現在ですと、何か心理的理由があるのではないか、「いじめ」にあっているのではないか、と思われてしまいますが、当時は何らかの家庭の経済的事情があるのではないかと思われることが多かったのです。

一九五二年の文部省調べでは、中学校の長期欠席理由で一番多いのが「家庭の無理解」で、次いで「家庭の貧困」となります（小林正泰［2015］）。家庭に理由が存する場合が多かったのです。それもなんらかの経済状況がからんでいると捉えられていました。

大阪府教育委員会による一九五一年四―五月間長期欠席者（五〇日以上欠席）についての調査（保坂亨・重歩美・土屋玲子［2017］、第二報）では、家計を助けるために工場で働いていたり、農業漁業林業の手伝いをしたり、留守番、子守りをしている子が多かったようです。教育費を出してもらえない子もいました。

当時、岡山県中央児童相談所で勤務していた教育学者の佐藤修策は、瀬戸内海に面したある漁村で家庭訪問していた際のことをこう話しています。

「家庭訪問にまわると、学校に行っていない子がゴロゴロしていました。就学を勧めようと父親に面接すると『学校は小学校まででいい。誰も中学校をつくってくれと言うていない。英語を教えてくれる？　英語で鯛は釣れん。あとはワシが漁師に仕込む』と毅然と断られました。それが漁村ではふつうの考え方でした」（全国不登校新聞社［2016］、p.3）。

農村でも、農繁期に子どもが農作業を手伝うことは「ふつうの考え方」で、そのために学校を休む子は多かったようです。

要するに、地域にもよりますが、学校が子を育てるよりも地域や親が育てることが大事という意識がまだ強く（竹村洋介［2017］）、特に農業漁業林業などの第一次産業では学校教育への評価は低かったのです。

また、都市を中心として、戦後直後の混乱による「浮浪児」「戦災孤児」の問題も残っており（小林正泰［2015］）、そのための長期欠席、不就学も少なくありませんでした。長期欠席の背景には大きな経済的問題が横たわっていたのです。

私は東京の小学校に通っていましたが、友人たちもそういった事情をうすうす知っていましたので、誰かが学校を長く休むと、「あ〜、家の仕事を手伝っているのだな〜！」などと思っていました。まさに、家庭の経済状況をすぐに思い浮かべていたのです。

のです。

2．一九五〇年代後半以降の状況

それが一九五〇年代後半になると状況が変わってきます。長期欠席者の数が大きく減少していくのです。

文科省の調べで、一九五〇年代はじめには小学校で一％以上、中学校で三％以上だった長期欠席率は、一九七〇年には小学校で〇・五％以下、中学校で一％以下になります（保坂亨・重歩美・土屋玲子［2017］、第四報）（図1―1参照）。これは高度成長期になって、学校に行くことへの評価が高まっていったということに関係があります。

第一次産業よりも第二次産業、第三次産業の比重が大きくなって、学校で身につけたこと、学歴を積み重ねることが就職につながっていくとみられるようになり、「学校に行くことが明日への幸せにつながる」（同上）と信じられるようになったのです。

そして高校進学率も高まっていき、一九五〇年には四二・五％だった進学率は一九七四年には九〇％台に達しました。

「子どもは毎日学校に行かなくてはならない」という観念が広がりはじめ、「学校を休むことは悪いこと」という雰囲気も浸透していったのです。

これまでのように、地域の暮らしが中心にあり、その中に学校があるといったイメージではなく、学校を中心に暮らしが回っていくという状況になりました（山岸竜治［2018］、p.67）。実際、私が小学生だった頃は、クラスの友人というよりも隣近所の人たちと主に遊んでいたのです。暮らしや関係は、学校よりも隣近所を中心として回っていたというイメージです。しかし、暮らしや関係が学校中心に回っていく状況になっていきました。まさに社会の学校化と言えるでしょう。

そして登校への圧力が強まっていきます。長期欠席率が下がっていく中で、長期に休む人への特別視が強まっていったのです。休む人は何か特別なトラブル、それも心のトラブルを抱えているのではないかという見方が少しずつ広がっていきます。

一九五九年佐藤修策が「神経症的登校拒否」についての研究を発表し、一九六〇年には鷲見たえ子らが「学校恐怖症」の研究を発表します（全国不登校新聞社［2016］［2017］）。「登校拒否」という名称は徐々に浸透していき、同時に学校を長期にわたって休む子のトラブルを心理的なものとして捉えていく傾向も広がっていきました。そして学校を長期にわたって休む行為を「病理」として捉える見方も浸透していくのです。

一九六六年に文部省は「学校嫌い」の調査をはじめます。この「学校嫌い」という概念は長期欠席者のうち、学校を嫌うという心理的傾向に注目したもので、「登校拒否」という捉え方と同じことで、要するに、一九六六年から「登校拒否・不登校」の調査がはじまったということになります。

ところが、減り続けていた長期欠席率は七〇年代後半から増加に転じます。そして「学校嫌い」「登校拒否」の率は六〇年代後半頃から増え始め、七五年頃から激増しました。そして、長期欠席者の中で「登校拒否・不登校」が占める割合が大きくなっていったのです。

七〇年代後半から、学校を長期にわたって休むと、「登校拒否・不登校」と捉えられるようにな

第１－１図　長期欠席率の推移（中学校、1952－96年度）

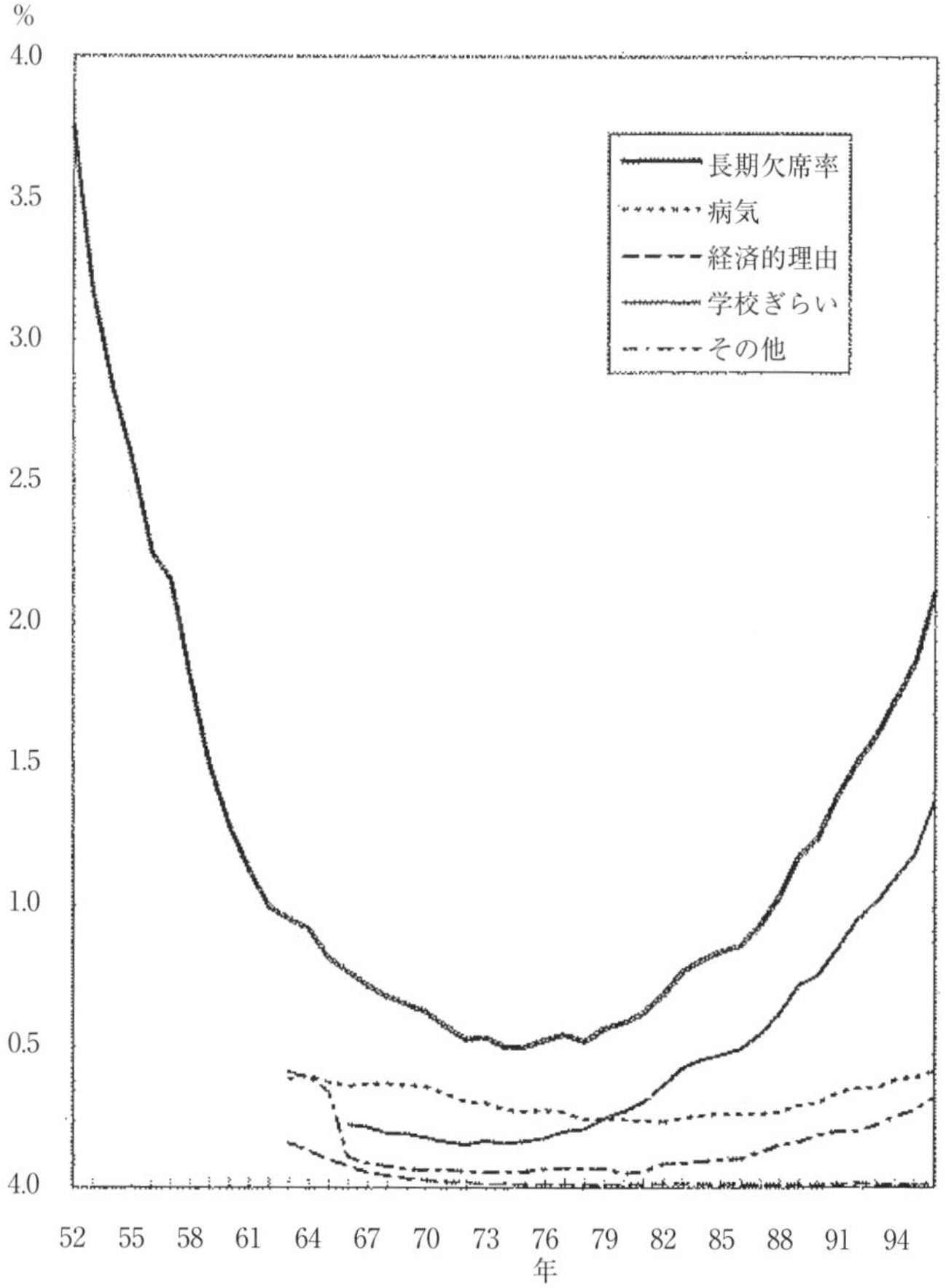

資料）1952～58「公立小学校・中学校長期欠席児童生徒調査」、1959～「学校基本調査」各年より。

出典）福島裕敏［1998］「1950年代長欠論の再構成－〈家族・学校〉関係の視点から－」『〈教育と社会〉研究』第８号）より。

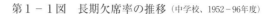

り、同時に休む理由は心の問題なのだろうというイメージが浸透していくことになったのです。

第二節　「心の問題」という視点の浸透

1.「心の問題」として扱われはじめた「登校拒否」――一九七〇年代後半から八〇年代前半

七〇年代後半から八〇年代前半には「登校拒否」問題はマスコミで大きく扱われるようになり、「心の病」と捉えられてしまうことも多くなります。

「登校拒否」とみられると精神科に回され、すぐに入院させられることもありました。では病院で何をするかというと、基本的には、院内学級といわれる病院内の教室で勉強し、時々カウンセリングが行われたり、薬が処方されるといった感じです。本人が退院したいと言っても、なかなか退院させてもらえないということも少なくなかったのです。

この問題は、当時、衆議院社会労働委員会や参議院文教委員会でも論じられ、増岡厚相（当時）は「登校拒否児が安易に精神病院に収容されているとすれば、由々しい問題だ」と答弁しています（河合隼雄［1985］）。

「情緒障害児」という捉えられ方もありました。「登校拒否」児を情緒障害児と見て、短期治療施設[1]に入所させられた子もいます。「三～六ヶ月の短期で治す」ということでしたが、数年間入所している人も少なくなかったのです。

要するに、七〇年代後半から「登校拒否」は「心の問題」として注目されるようになり、医療的に扱われることが多くなっていったということなのです。

2.「自己規制力」育成としてのカウンセリングへの期待

当時、「校内暴力」「暴走族」「薬物乱用」「家庭内暴力」などの「青少年非行」問題が注目され、戦後「青少年非行」第三のピークとされていました。

第一のピークは敗戦後の飢餓、貧困あるいは既成の価値体系の混乱期にあった一九五一年、第二のピークは高度成長期の過程にあった一九六四年、そして第三のピークは一九八三年です(臨時教育審議会［1986］)。

「非行」は特定の社会層に属するのではなく、中流階層にも広がり、一般化されるようになりました。低年齢化傾向も見られます。そしてその原因として指摘されたのが消費社会の問題であり、受験戦争で象徴される教育制度が抱える問題だったのです。

そしてこの「非行」とならんで「登校拒否」「いじめ」も大きく議論されるようになり、「教育の危機」とさえ言われるようになりました(同上)。

ここで注目されたのが「自己規制力の育成」という視点です。

東京都青少年非行問題対策委員会は一九八二年に『すこやかでしなやかな自我の形成を』という

最終報告を出しています。

それによると、「青少年非行」対策は三つあります。

第一は、力による対策です。「校内暴力」、特に八〇年代に入ってから目立つようになった対教員暴力に対しては力で抑え込む必要があるというのです。実際、当時、「荒れる」学校には力の強い教員が配置され、暴力を力で抑え込むという手法がとられていました。

第二は、「青少年非行」の背景にある社会的環境の改善です。特に教育制度の問題点を改善していく必要性があると指摘されています。

そして、最も重視されたのが第三の方策、青少年の「自己規制力」の育成なのです。つまり、青少年の心に自らの行動を自ら律していける健康でしなやかな自我を育てるということです。

第一の対策、力による方策は、場合によっては有効に働きますが、根本的な解決にはなりません。第二の対策、社会や教育制度を変えていくという方策は、大事だが時間がかかりすぎる。そこで、もっとも有効でありかつ重要なのは、青少年の心に働きかける方策だとされたわけです。

さまざまなトラブルに出会ったとしても自暴自棄にならず、自分の心をコントロールし、社会に適応していける「すこやかでしなやかな自我」を育てる、そのことこそがもっとも有効な対策である、とされました。

当時、青少年の「意欲のなさ」、あるいは過保護や過干渉による自我の「発達の遅れ」からくる

「パーソナリティの弱さ」も指摘されていました。その文脈からも「健やかでしなやかな自我を形成」することが最も重要であるとされたのです。

その「自己規制力」を育成させるために期待されたのがカウンセリングです。「健やかな心」を育てるためには、何らかの意見を上から押し付けるのではなく、生徒の気持ちを理解し、共感し、よりそっていく必要がある。そのためには青少年の心についての専門的な知識が必要だということになります。

この報告は主に「青少年非行」についてのものですが、こういった視点から「登校拒否」に関してもカウンセリングが重要であるとされていくのです。

3.「心の専門家」の学校への導入

こうした流れの中で、学校へのカウンセリング導入が計られます。

「登校拒否」や「青少年非行」に対しては、教員だけで応じるには限界があり、訓練を積んだ「心の専門家」が学校にも必要だという主張がなされていくのです。

学校へのカウンセラー導入を推し進めていた一人、臨床心理学者で後に文化庁長官となった河合隼雄は、『毎日新聞』一九八五年一二月九日夕刊に『「心」の専門家の必要性』という記事を書いています。この記事のサブタイトルは「いじめ・登校拒否は薬ではなおらぬ」(河合隼雄［1985］)です。その記事で河合隼雄は次のように論じます。

「『教育的』な対策がうまくゆかぬとすると、単純に『医学的』な対策を立てようとして、（中略）不当な入院などが生じてくる。しかし残念ながら、いじめや登校拒否が薬によって簡単に治療されることはないのである。

いじめにしろ登校拒否にしろ、まったく単純なものから、極めて深い心の問題に至るものまでその程度はさまざまである。一応の対策がある程度の効果をもつにしろ、深い問題をかかえている場合は、あくまで『心』のこととして個別的に取り組んで行かねばならないし、人間の心に関する専門的な知識も必要となってくる。（中略）

このあたりで、『心』の専門家の必要性をよく認識し、教育現場の問題に対する対応を考えてゆかないと、せっかくこれまで出されている『対策』も、根本的なところで本質をはなれたものになってしまうのではないかと危惧されるのである」。

要するに、河合隼雄は、教育的な対応も医療的な対応も限界があり、「登校拒否」には「心の専門家」であるカウンセラーが対応していかなければならないと言うのです。

この視点は、まさに「登校拒否」を「心の問題」「メンタル・ヘルスの問題」として捉える典型的なものです。そして、河合隼雄が属する心理臨床学会によってスクール・カウンセラー導入がおし進められていくことになるのです。

4．三〇代まで尾を引く「登校拒否症」？――「登校拒否」は治すべき対象？

また逆に、カウンセラーにまかせておいてはダメで、やはり医療的対応が重要であるという主張もなされています。

一九八八年に、朝日新聞に『三〇代まで尾引く登校拒否症、早期完治しないと無気力症に』（『朝日新聞』、一九八八年九月一六日夕刊）という精神科医の稲村博の記事が掲載されます。

稲村博は「登校拒否症はきちんと治療しておかないと、二〇代、三〇代まで無気力症として尾を引く心配が強い」と述べ、「こうしたケースが急増している」と警告しています。「その背景には、学校をやめるか、カウンセリングさえ受けさせれば治る、という安易な考えを学校や親が持っている点にある」（同上）と指摘しているのです。そして長期化してしまったケースには長期の宿泊治療が必要となってくる、と。

このように稲村博は、医療的対応の重要性を唱えているのです。

河合隼雄は安易な入院医療はだめで、心の専門家によらなければ治らないと述べていたのですが、稲村博はカウンセリングだけではダメで、早めにきちんと治療する必要がある、場合によっては精神科医による対処・治療が必要であると言っているのです。

5.「登校拒否」を「心の問題・病」として捉えることへの批判

こういった専門家の姿勢は、親や教員など、周囲の人々の要請に応じたものといえます。周囲の人々は、長期にわたって休む生徒がいると、なにか特別な「心の問題」を抱えているのではないかというまなざしで見るようになっており、なんとか学校に戻したい、そのためには「心の専門家・カウンセラー」あるいは「精神科医」にまかせたいという要望が強くあったということなのです。

しかし、こうしたまなざしに苦しめられた人々から、この動向を批判する運動が起こっていきます。

「登校拒否」経験者や親などを中心に「心の病」として捉える動向を批判する運動が高まっていくのです。精神科医の渡辺位も「登校拒否」を「病理」として捉える視点を批判し、そもそも休んでいる生徒を「学校にかえすことが正しいことなのか」と問いかけます（渡辺位［1983］）。

また、稲村博の見解に対しても批判の大きなうねりがあり、いくつかの集会が開かれていきます。

一九八〇年代にはフリースペース、フリースクールがいくつも創設されるようになり、学校とは違った教育あるいは居場所をつくっていく動向が広がっていきました。その中で、学校を神聖化して、学校に通わない「登校拒否」児童生徒を「特別視」し、「学校にもどすこと＝問題の解決」とみる傾向を強く批判する運動が起きていきます。

6.「心の問題」としかみないことへの批判

また、臨床心理や教育にかかわっている人たちからも、ものごとを「心の問題」としかみず、「心の専門家」が中心になって対応にあたることへの批判が出されていきます（子どもの健康を考える会［1995］）。

出された批判点を三点に絞って簡単に紹介します。

まず第一は、「登校拒否」を「深い心の問題」として扱い、あくまで「心」のこととして対応しようとする姿勢に関してです。

当時、臨床心理学会長(2)だった山下恒男は、『クリニカルサイコロジスト紙』一二二号（一九八五年）で、先ほどの河合隼雄の毎日新聞掲載の文章に対して次のように批判しています（山下恒男［1985］）。

「学校内の『いじめ』や『登校拒否』の社会的背景にふれないまま、問題を『心』にのみ限定しようとする氏（河合隼雄）の姿勢」に疑問を感ぜざるを得ない。もし生徒が「深い問題」をかかえていたとしても、「『深い問題』はなぜ生じてきているのであろうか。純粋に『心』だけの問題だとでも言うのであろうか。いずれにせよ、それを問うことをしないで、氏の言う表面的でない解決がどうして可能となるのだろうか」（山下恒男［1985］）と。

「登校拒否」の生徒が深い問題を抱えている時、「心の専門家」が「心」の問題に立ち向かっていかなければならない、そう河合隼雄は言うが、なぜ、「心」だけの問題にして、他のことを切り捨ててしまうのか、さまざま問題が重なっていることを見ず、なぜ「心の問題」だけに還元してしまうのか、そう山下恒男は批判しているのです。

私自身も、当時この臨床心理学会に属しながら、「心」だけに還元してしまうことの問題性を考えていました。

私が出会ったある生徒は、自分のこれからの生き方を模索し、友人や何人かの教員にさまざまな疑問をぶつけて考えようとしていました。都立高校で「倫理社会」を教えていた私に対しても疑問をぶつけ、生き方・倫理について真摯に考えていこうとしていました。「現在の社会をどう捉えたらいいのか」「この社会で生きていくということはどういうことなのか」と。

また、学校という場だけでそういうことを学びとることはできるのか、と問いかけていました。結局、学校という場だけでは限界があると彼は判断して、しばらく学校をはなれ、図書館やフリースペースのような所などにも顔を出して考え続けていました。彼は数ヶ月間休んだあとなんらかの解答を出したようで、学校に戻ってきました。

彼はある意味で深い悩みを抱えていました。その悩みを現在の社会的問題との関係で捉えようとし、まさに、学校内外の多様な人間関係の中で考え、自分なりの解をみつけていったのです。

彼のような「登校拒否」の生徒に対して、「心」について訓練をつんだ「専門家」の対応が必要なのでしょうか。河合隼雄は前述した毎日新聞の記事で、「いじめ」や「登校拒否」に対して、深い悩みを持つ場合は「あくまで『心』のこととして個別的に取り組んでゆかねばならない」(『毎日新聞』一九八五年一二月九日）と述べています。彼に対してこういう姿勢で応じてよいのでしょうか。悩みを「心の問題」として切り取り、あくまでも「心」のこととして対応していこうとすることに問題はないのでしょうか。

「悩み」は人間関係や社会的背景と切り離せないのです。「心の悩み」をその背景にある多様な問題から切り離し、あくまでも「心の問題」として対応していくことへの疑問、それが第一の批判点でした。

7．多様な人間関係に開いていくこと

第二に、「心の専門家」だけが対応するという姿勢についての批判があります。

先ほど言及した高校生は、カウンセラーを含め、さまざまな人たちと自ら出会い、考えていこうとしていました。彼は、そのさまざまな出会いから自分の生きる方向性へのあるヒントを得たのです。まさに多様な価値観を持つ人々との出会いが大きな意味を持ったのです。

河合隼雄たちの意見では、あくまでも「心の専門家」が対応していかなければならないとしていますが、その他の人々との関係をどう考えていくのか、他のさまざまな価値観を持った人たちとの関係をどう考えていくのかが問題となります。

多様な価値観を持った人たちとの出会いへと開いていくことが肝要なのか、それとも「心の専門家」との出会いを重視していくのか、その点が疑問点としてあげられていたのです。

「心の専門家」との関係と多様な人たちとの関係、それが第二の批判点です。

8. 学校に行かないことをどう捉えるのか？

第三に、そもそも「学校に行かない状態はそんなにまずいことなのだろうか？」「行かないということも一つのあり方ではないか？」という点があります。

こういった基本的な問いに答えることなしに、「登校拒否」を「問題な状態」とみて、「心」の問題に焦点をあて、なんとか解決をめざす、つまり学校に通える状態にしていくことをめざす、そういうことでは、結局は学校化された社会の中での適合した生き方へと導いていくことにしかならないのではないか、そういった疑念が多く出されたのです。

まとめますと、悩みを社会的な背景や人間関係から切り離し「心の問題」として扱ってしまうこと、さまざま価値観を持つ多様な人間関係へと開かず、「心の専門家」中心に対応してしまうこと、そして「登校拒否」をなぜマイナスな状態と捉えてしまうのかということ、その三点についての批判が臨床心理に関係する人たちからも出されていたのです。

9. 開発的・予防的対策のひろがり、治療モデルから育てるモデルへ——一九九〇年代

こういったさまざまな人たちからの批判をうけて、文部省は九〇年代のはじめに「登校拒否はど

の子どもにも起こりうるものである」と宣言します（文部省初等中等教育局［1992］）。

「登校拒否」は「特別な子」に起こることではない。「特定の児童生徒に特有な問題があることによって起こる」といったものではなく、誰もが「潜在的にもちうる『学校に行きたくない』という意識の一時的な表出として登校拒否になるケースもある」（同上、p.14）と述べているのです。

つまり「登校拒否」を起こすのは「特別な子」という視点から文部省も離れたということです。「登校拒否」は病理であるという見方もとらなくなっています。

しかし、依然として、「登校拒否」を心の問題として捉え、心理的に対応していこうとする姿勢は維持されています。

「全ての教師にカウンセリングマインドを！」という合言葉の下、八〇年代にはじめられた教職員に対するカウンセリング講座は九〇年代にはさらに拡大されていますし、カウンセラーの学校導入計画も進んでいきました。

心理的に対応しようとする動向はむしろ拡大していくのです。

ただ、その中身は変容しています。

学校カウンセリングは「病理」をかかえた人を治療するといった治療モデルはとらなくなっているのです。医療機関が行うような治療モデルではなく、児童生徒の心を育てていくという姿勢をとるようになっています。

そして、困難に直面している生徒への問題解決的対応だけではなく、全ての子への開発的・予防的取り組みを中心にすえはじめたのです。

開発的カウンセリングとは、すべての児童生徒を対象としたもので、自立した豊かな社会生活を送っていけるように、心身の発達を促し、必要なライフスキルを育てていこうとするものです。要するに、すべての児童生徒の健康を育てていこうとするカウンセリングです。

予防的カウンセリングとは、生徒一人ひとりの状態を把握し、問題に陥りそうな生徒に予防的に働きかけ、本人を支えていくものです。

学校カウンセリングはこういった開発的・予防的カウンセリングを軸におきだしたのです。

そのような立場の下、学校カウンセリングは「特別な子」だけに向けられたものではなく、「すべての子」へと広げられていくのです。

ただ、依然として「登校拒否」児童生徒は「不適応児」であるという見方は維持されています。そして、「子どもの自立を促し、学校生活への適応を図る」(同上)ために、スクール・カウンセラーの活用はもちろん、各地に「適応指導教室」を設置・整備していくことの重要性もうたわれています。

「どの子どもも『登校拒否』になりうる」(同上)以上、「どの子ども」もちょっとしたことで「登校拒否」になる可能性を持っている。だから少しの前兆も見逃してはならない、その兆候を早めに発見しなければならない、そういった視点から早期発見・早期対応を促しているのです。

勉強がこれまでのように進まなくなった、教室でぼうっとしていることが多くなった、そういった小さなことでも、「不登校」への前兆とみるような予防的対応はこの頃から強まっていきます。また、いくつかの地域では「不登校半減計画」や「不登校未然防止プロジェクト」なども広がっていくのです。

要するに、「登校拒否＝不適応」といった図式にのっとって、「登校拒否」は未然に防止すべき「問題な状態」と見られ続けているということなのです。

10. 心理主義化する社会

まとめてみますと、七〇年代後半以降、「登校拒否・不登校」問題に対し、心理的な知・技法をベースにして対応していこうとする傾向が高まっていきました。「不登校」だけでなく、「いじめ」「校内暴力」などに対してもまずは心理的な知をベースにして対応していく傾向が、この時代強まっていったのです。

この傾向への批判も高まっていきます。私および私が所属する学会では、この傾向を心理主義という概念を使って批判してきました（日本社会臨床学会(3)［2008］）。

心理主義とは、臨床心理学や精神医学の知識・技法を軸にして、さまざまなものごとを個々人の内面・心に結び付けて説明・対応しようとする傾向をさします。

社会的・教育的な問題を背景として持っている出来事・ものごとでさえも、まずは「心」の問題をベースにして解釈し、対応していこうとする傾向を示しているのです。

まさに七〇年代後半以降、「登校拒否・不登校」は「心」の問題をベースにして捉えられ、深い「心の問題」を軸に対応されるようになっていったのです。つまり、「不登校」は心理主義的に解釈・対応されるようになったということなのです。

そして、こういった傾向の背景には、学校を休んではいけない、休む子はなにか心にトラブルをかかえているのではないか、という人々のまなざしの広がりがあるのです。

11.「登校拒否」「不登校」という言葉について

なお、「登校拒否」「不登校」という言葉についてですが、一九九〇年代までは一般的には「登校拒否」という言葉が多く使われてきました。しかし「神経症的登校拒否」という使われ方があったり、登校をはっきりと拒否するというイメージがあったりで、「登校拒否」よりも、「学校に行かない」という状態だけをさす「不登校」という用語を使う傾向が広がっていきました。九〇年代には、文部省はどちらの用語も使っていましたが、二一世紀に入ってからは「不登校」という言葉を一本化して使用しています。

この用語をめぐってはとうぜんいろいろな議論がありますが、私はどちらにせよカッコをつけて使用していこうと思っています。

どんな用語でよぶにせよ、「学校を長く休む生徒」のうち病気や経済的理由をのぞいた生徒をひとまとめにして名付けることの背後には、その生徒を問題視する姿勢が見られるからです。その生徒たちを特別視して対策を練ろうとする姿勢に、私はどうしても問題を感じてしまいます。

ですから、用語には疑問を感じているが、「一般的にはそうよばれている」、あるいは「いわゆる」というニュアンスをこめてカッコつきで「不登校」「登校拒否」と書いていきます。

第三節　今世紀になってからの「不登校」対策

1. 教育機会確保法の成立、生涯学習システムへ

二〇一六年に教育機会確保法が成立します。この法律では、「不登校児童生徒」などの教育機会を確保し、児童生徒が社会的に自立していける環境をととのえることなどが目指されています。そのために、「不登校児童生徒」などが行う学校以外での学習活動も支援していかなければならない、そのための必要な措置を講じていこう、そううたっているのです。

ですからこの法律は、ある意味で「不登校児童生徒」などの学習を保障していこうとするものです。

しかし、こういった動向の背景には、一九八〇年代以降唱えられている生涯学習システムへの移行、そして新しい社会への人材育成という問題が横たわっていることを考えなければなりません。

生涯学習システムとは、人々が生涯にわたって学んでいくことを推奨し支えていくシステムのことです。ユネスコのポール・ラングラン等によって唱えられ、義務教育を終えてからも学びを続けていくことができるようなシステムとして一九六〇年代以降注目されたものです。

ラングランなどが唱えたものは個々人の関心や自発性、創造性を大事にした学びのシステムをつくろうということでしたが、他方で、今後の社会にふさわしい人材を育てていくという観点からも生涯学習システムへの移行が求められています。

現行の教育システムは、すべての人々が必要な知識を画一的に教えていくための制度です。また遅刻せずに毎日学校に通い、先生の言うことをきちんと守っていくという生活習慣を身につけさせるという役割も担っていました。

こういったことは工業社会の要望にそったものです。かつての工場現場では、流れ作業が多く、ベルトコンベアーに数百人の労働者が配置され、ベルトの流れにそって働いていました。もし一人でも持ち場を離れると仕事がストップしてしまうという現場も多かったのです。そのため、遅刻は厳しく取り締まられ、トイレ休憩も二時間おきにあたえられ、それ以外の時間は行ってはいけないとされているところも多かったのです。

そういった現場では、まさに上司の指示を守り、規律をきちんと守ることが大事だったのです。

その規律習慣をきちんと身につけさせることが一九七〇年代頃までの工場労働者には要求されており、学校教育はそういった要請に応えていたのです。

当時の学校の先生はよく遅刻する生徒に向かって、「そんなことでは、社会に出てからきちんと働けないぞ」と言っていたものです。

しかし、情報化が進展し、工場でもロボット化が進むと、働く現場は変容していきます。フレキシブルに働くことが可能になり、場合によっては自宅や喫茶店で作業したり構想を練ったりすることも可能になったのです。

新型コロナのパンデミックで話題となったテレワークでは、東京にいなくても、東京の会社と連絡を取りながら家庭で仕事をすることが可能なのです。そして今後こういう仕事形態が浸透していくことになるのでしょう。

そういった仕事の変容の中で要求されることとは、画一的に規律を守って働くことよりも、なにか独創的なアイデアを生み出すような力なのです。イノベーション能力だったり、コミュニケーション能力だったり、問題解決能力だったり、指示されたことをその通りに行うことよりも、独創的で、チャレンジ精神に満ちた行為が要求されるようになったのです。

しかも、技術は日々進展していくために、かつてのように一度技術を身につければ一生なんとかなるという時代ではなくなったのです。一生新しい技術を学び続け、身につけ続けなければ働いていけないようになってしまっているのです。

こういった社会で要請されるのは、まさに生涯学んでいける場・システムを整備していくことであるし、問題解決能力やイノベーション能力を身につけていくための教育なのです。

画一的に知を教え込まれ、遅刻も休みもせずに静かに先生の言うことを聞く、そういったことでは社会から要請されている人材は育たないのです。

そこで八〇年代から生涯学習システムへの移行がさけばれ、問題解決能力やイノベーション能力の育成が求められ始めたのです。

2. Society5.0に向けた人材育成

こういった流れはより強まっています。

教育機会確保法を成立させた第二次安倍内閣の私的諮問機関である教育再生実行会議は、私たちが早急に移行すべき社会をsociety5.0と呼んでいます。そしてその社会で必要な能力として問題解決能力やイノベーション能力などをあげ、その育成が必要であると述べています。そしてそのためにも生涯学習システムへの移行が肝要である、と言っているのです。

society5.0とは、これからの社会を示す言葉として政府が第五期科学技術基本計画の中で示したものです（二〇一六年）。超スマート社会とも言われています。

経団連や内閣府によると、society1.0とは狩猟社会を指し、society2.0は農耕社会、society3.0は工業社会、society4.0は情報社会を指します。そしてsociety5.0は、ＡＩやビッグデータ、インターネットによる連携を駆使した社会です。それはバーチャル空間と現実世界を重ね合わせた未来社会であると説明されています（内閣府［2016］）。

現在はまさにsociety5.0へと「産業構造が急速に変化する大変革時代」（同上、p.9）だ、と内閣府は提言しています。

教育制度もまたそれにそって変えようとされています。ネットワーク化やサイバー空間の広がりに対応できる人材育成へと教育制度は変わっていかなければならないし、そのための技術を利用した教育手法も浸透させなければならない、と。

「不登校児童生徒」に対しても遠隔授業を活用していこうと教育再生実行会議は提言しています（教育再生実行会議［2019］）。

こういった変化は感染症の流行という出来事を契機に加速していく可能性が大きいのです。

教育再生実行会議は第五次答申『今後の学制等のあり方について』（二〇一四年七月）や第六次答申『「学び続ける」社会、全員参加型社会、地方創生を実現する教育のあり方について』（二〇一五年三月）などで、生涯学習への移行をうたっています。

そして、そういった要請を受けた形で二〇一六年に教育機会確保法が成立しました。

この法律は、既成の学校制度を軸とした上で、「不登校児童生徒」などへの多様な教育機会を用意し支援するという形になっています。しかし、その背景には新しい教育制度への移行というまなざしがあり、これからの社会にふさわしい人材を育成していこうとする視点があるということです。

3．人材を育てる心理主義

教育機会確保法案について議論されていた二〇一四年、フリースクール「えん」を訪れた当時の文科相下村博文は「不登校の子どものなかには、アインシュタインやエジソンのような逸材が眠っているかもしれず、そうした〝ダイヤモンドの原石〟を磨く機会をつくり出していく」（山下耕平［2016］）といった内容の発言をしています。

そして二〇一六年五月の教育再生実行会議第九次提言『すべての子供たちの能力を伸ばし可能性を開花させる教育へ』では、以下のように提言されています。

「……障害のある子供や、集団生活に馴染みにくいために不登校傾向にある子供の中には、何らかの分野で突出した才能を有していたり、適切な支援を受けることによって大きく開花する可能性を秘めた子供もいます。
こうした子供たちも含め、特に優れた能力やリーダーシップなどの資質を、公教育の場で最大限に伸ばせるようにすることが重要です」（教育再生実行会議［2016］、p.9）。

まさに「不登校児童生徒」の中からも特に優れたイノベーション能力を持つ人を育てていくための教育機会を用意し支援していく、それが教育機会確保法のねらいの一つなのです。

教育の機会を広げていくと同時に、society5.0で必要とされる能力を育て、リーダーを育てていく、そういったねらいがこの法律にはあるということです。

そして、問題解決能力やイノベーション能力を育てるとなると、心理的手法が必要になってきます。自分の可能性を実現させていきたいという意欲、社会に貢献していくために学び続けたいという意欲、そういった意欲・気持ちを育てるためには、教育的・開発的なカウンセリング・心理的手法が要求されてくるということです。

まさに、心理的手法は政治・経済・教育の中に不可欠なものとして組み込まれています。心理主義・心理的手法は社会に深く浸透しているということなのです。

ただし、一九七〇年代後半から八〇年代にかけての心理主義とは大きく異なってきています。かつて私たちが批判していた心理主義の様相とは違っています（本書、p.24）。

4．心理面だけに焦点をあわせた対策から生物・心理・社会モデルへ

では、これまでの心理主義とはどの点が違っているのでしょうか。

三点にしぼって説明したいと思います。

まず第一に、「心」の問題のみに還元して対応していこうとする姿勢とは違ってきているという点があります。

かつて河合隼雄は、「登校拒否」に対して、あくまでも「心の問題」として対応していくと述べ

ていましたが、心理面だけに焦点をあわせた対策だけでは不十分であり、効果もうすいと言われるようになりました。そこで、心理だけでなく、生物的、社会的な側面も考慮にいれようという動きが出てきたのです。

二〇一八年に出された東京都教育委員会の『児童生徒を支援するためのガイドブック～不登校への適切な対応に向けて～』では、生物・心理・社会モデルが採用されています。

生物とは、身体・健康面での対応をさしています。これは基本的には医学的なアセスメントが中心となります。そして社会とは社会環境や社会学的観点からのアセスメント、ケアをさしているのです。これまでのように「心の問題」への対応だけに焦点化するのではなく、身体面の特徴や状態を理解し、さらには生徒をとりまく人間関係や社会的教育的環境を整え、対応していこうというものなのです。

そして、まずは各側面から「不登校」につながる要因はないかを探していきます。生物面、つまり身体・健康面では「慢性疾患はないか」「発達障害や愛着障害を疑わせるようなことがないか」など、心理面からは「自己肯定感に問題はないか」「無気力ではないか」「逃避傾向はないか」など、社会・環境面では「クラスの人間関係に問題はないか」「教職員との関係は大丈夫か」「どんな家庭環境にいるのか」などと調べていきます。

このように多角的なアセスメントを行い、多方面の専門家と連携をとり、本人や親の意向をくみながら支援の計画をたてます。そしてチーム連携による組織的な支援・ケアを行うということになっているのです。

まさにこのガイドブックでは、心理面だけに還元する姿勢はとられていず、生物・心理・社会面からの連携を支援のモデルとしているのです。

八〇年代には医療面や心理面からのアプローチが中心だったのですが、そこに社会的側面からのアプローチ・支援が付け加えられたということです。「心」にのみ還元しようとする姿勢ではなくなったということです。

5. 社会的な自立を促す社会――自立促進型社会へ

そしてそこには「社会的な自立」が強く要請されるようになったという時代背景も横たわっています。若者の自立に向けての社会的側面からのアプローチ、支援が要請されてきたという側面があるのです。

一九九〇年代には、「ひきこもり」や「ニート」問題がクローズアップされ、若者たちの「自立」が問題化されてきました。

内閣府の「青少年の就労に関する研究調査」(二〇〇五年)では、「一五歳から三四歳の若年無業者(通学、有配偶者を除く)は、二〇〇二年時点で二一三万人に達し、一九九二年からの一〇年間で八〇万人増えた」(p.5)と書かれています。うち四三万人は就業を希望していないと指摘されているのです。

　こういった青少年の就労が問題化されたとともに、「自立」という問題がクローズアップされてきたのです。

　二〇〇五年に出された内閣府の『若者の包括的な自立支援方策に関する検討会報告』では、「社会的な自立」という言葉が強調されています。そしてまた「自立促進型社会の形成に向けた一歩を踏み出すべきである」(p.5) とも書かれています。


　今までは若者の自立は親にゆだねられていました。子ども達は青年期になって親元から精神的にも経済的にも自立していく、それを支え育てていくのは親の責任でもあると考えられてきたのです。しかし、親から自立していく過程はだんだん長くなり、二〇代半ばになってもなかなか就職できず、親に経済的に依存するという人たちも増えてきたのです。

　また、企業が若い社員の職業的な自立を支え育てていくといった形も崩れてきました。

　そして、親からの精神的自立や経済的な自立だけでなく、社会に関心を持ち公共に参画していくようなことも含めた自立活動も弱くなってきたと検討会は指摘しているのです。

　こういう状況の中では、親や企業に自立育成をゆだねるのではなく、社会全体が若者の自立を支援し育てていかなければならない、そう検討会は主張しているのです。つまり、精神的、経済的自立、そして地域コミュニティなどの公共への参画も含めた社会的な自立の育成が大事であり、そのことを社会全体が促していく、そのような「自立促進型社会」の形成をめざさなければならない、そう内閣府は主張していったのです。

またそういった自立への促進、支援だけでなく、自立のための能力育成も唱えられています。若者が自立していくためには、働いていくことや社会に参加していくための意欲や忍耐力、人間関係をつくっていくためのコミュニケーション能力を育成しなければならず、そういった自立のための基礎能力を高校卒業までに身につけさせる必要がある、と書いているのです。

そして、その能力を育てていくためにも「若者が何もしない状態に放っておかれてはならない」（同上、p.6）と述べています。

なぜならば、「若者が学習や仕事に励み、成人期へと移行するかけがえのない時期を新たな経験や自己探究の時期として充実して過ごすことが重要」（同上、p.6）だからなのです。

こういったまなざしの下、「不登校」は社会的な自立へのリスクがある状態と捉えられてしまいます。そのまま放っておいてはダメで、自立に向けた心理的社会的支援が必要な状態であると捉えられていくのです。

6.「不登校児童生徒」へのネットワーク的管理——組織的、計画的、継続的支援

このように、今世紀に入ってからの心理主義は心理面だけに還元するのではなく、社会面での支援も組み合わされていきます。

そして第二点として、さまざまな専門家による連携がすすめられ、組織的、計画的、継続的な支援が重視されるようになった点があります。

心の専門家や医者を中心としたものでなくなった以上、各分野の専門家、つまり教職員、医療、心理、福祉の専門家たちとの連携が必要になってくるのです。その人たちがバラバラに児童生徒に接していたのではまずい、統一的に支援していくことが必要である、と。そのために組織的、継続的に支援していくことが求められているのです。

依然として医師の力は強く、完全に対等な関係とは思えませんが、ネットワークがはられ、各分野の専門家がチームで「不登校児童生徒」に対応していくことがうたわれています。

7.「不登校児童生徒」へのデータ管理へ——「不登校児童生徒」への支援シート

そして第三に「不登校児童生徒」のアセスメントや支援のあり方、経緯などを電子情報として作成し保存していこうという動きが出てきたということがあります。こういったことはすでに見られていた傾向ですが、はっきりとした形になってきたのです。

教育機会確保法の第九条では、国および地方公共団体は、「不登校児童生徒」への組織的、継続

的な支援を行うために、生徒の状況、支援の状況にかかわる「情報を学校の教職員、心理、福祉等に関する専門的な知識を有する者その他の関係者間で共有することを促進する」ために必要な措置を講ずべき、としているのです。

この方針に従って東京都は登校支援シートを例示しています（文科省の二〇一九年の通知では「児童生徒理解・支援シート」という名称になっています）。さきほど言及した『児童生徒を支援するためのガイドブック〜不登校への適切な対応に向けて〜』には、登校支援シートの例が掲載されています。

これは「不登校児童生徒」と認められた時、あるいは「不登校」のリスクが高いと見られた際に、生徒個人ごとに作成されるものです。はっきりしない理由で三日ほど休んだ時にも、作成することがすすめられています（第1―2図参照）。

月ごとの出席数・欠席数が記され、その下には現在の状況・様子を身体・健康面、心理面、社会・環境面にわけて記入する欄があります。そこでは、文字で記入するのではなく「ここをクリック」というところをクリックする形になっています。

身体・健康面には「睡眠」「食事運動」「疾患体調不良」「特別な教育的ニーズ」「その他」の項目がありますが、その「睡眠」の項目には六つの選択肢があります。「一．睡眠不足である　二．寝つきが悪い　三．朝、起きられない　四．寝る時間が安定しない　五．夜中に目が覚める　六．授業中に眠ることが多い」（同上）です。この六つのどれかに当てはまったら「クリック」と書かれたところをクリックするのです。

例えば「授業中に眠ることが多い」のでしたら、表示されている第六の部分をクリックするのです。そうすると、その欄に「授業中に眠ることが多い」と記載されます。なにもなければ記載しません。

また、心理面には七項目ありますが、その「学力学習」の項目には、「一．学習につまずきがある　二．考えることが苦手である　三．語彙が少ない　四．文字を書く、写すことが苦手である　五．極端に嫌いな教科がある　六．グループ学習が苦手である　七．時間内に作業が終わらないことが多い　八．ケアレスミスが増えた」という選択肢があります。社会・環境面の項目「児童・生徒間の関係」には、「一．いじめの訴えがある・いじめの情報がある　二．対立がある　三．悪口・陰口を言われている　四．孤立している　五．気まずくなっている　六．相談できる友達がいない」という選択肢が用意されています。

こういった情報をもとに各側面からのアセスメントが行われ、支援内容が決められます。そして決められた支援内容、その効果・結果も記入され、次年度へと申し送りされていくのです。

このシートは学級担任、養護教諭、スクールカウンセラー（SC）、スクールソーシャルワーカー（SSW）等を中心に学校で作成されるものですが、学校外の機関との情報共有もめざされています。そしてこのデータは次の学校へも渡されていくことになっています。

第１－２図　東京都教育庁指導部指導企画課（編）『児童・生徒を支援するためのガイドブック～不登校への適切な対応に向けて～』79ページより　http://www.kyoiku.metro.tokyo.jp

登校支援シート

平成		年度	作成日	

氏名		性別			年		組

出身小学校	
進学先	

	H28 (2016)	H29 (2017)	H30 (2018)												
月			4月	5月	6月	7月	8月	9月	10月	11月	12月	1月	2月	3月	合計
出席すべき日数															
出席日数															
内学級以外（※）															
欠席日数															
不登校による欠席															

※保健室などの別室や教育支援センター（適応指導教室）、校長が指導要録上出席扱いとしている民間施設など

利用している学校外の関係機関	

		現在の状況・様子	特徴・その他	良さ・長所
身体・健康面	睡眠	ここをクリック		
	食事 運動	ここをクリック		
	疾患 体調不良	ここをクリック		
	特別な教育的ニーズ	ここをクリック		
	その他	ここをクリック		
心理面	学力 学習	ここをクリック		
	情緒	ここをクリック		
	社交性 集団行動	ここをクリック		
	自己有用感 自己肯定感	ここをクリック		
	関心 意欲	ここをクリック		
	過去の経験	ここをクリック		
	その他	ここをクリック		
社会・環境面	児童・生徒間関係	ここをクリック		
	教職員との関係	ここをクリック		
	学校生活	ここをクリック		
	家族関係 家庭背景	ここをクリック		
	地域での人間関係	ここをクリック		
	その他	ここをクリック		

	本人	保護者
思い 願い		
短期目標		

このように教員の働き方改革もあって、情報の電子化がすすめられているのです。

8．「すべての生徒」の健康を育成・増進させる

この三つの変化、すなわち生物・心理・社会モデルの採用、各分野の専門家間のネットワークによる組織的・継続的支援、そのための児童生徒の情報の共有、そういった変化は今世紀になってはじまったことではありません。九〇年代頃からすでに顕著になってきた傾向です。

今世紀に入ってからの変化は、治療から開発的予防的対応へ、「特別な子」から「すべての児童生徒」の支援へ、といった九〇年代に明示された変容にともなうものなのです。

この変化はＷＨＯの健康観にもそったものです。

ＷＨＯのメンタルヘルス（心の健康）定義は「精神障害」ではない状態のみを表す用語ではなくなっています。メンタルヘルスは「一人ひとりが彼または彼女自身の可能性を実現し、人生における普通のストレスに対処でき、生産的にまた実り豊かに働くことができ、コミュニティに貢献することができる満たされた状態（a state of well-being）にあること」（ＷＨＯ、[2013][4]）と定義されています。生産的に実り豊かに働き、コミュニティに貢献するといった社会的な側面を強く含んだ定義となっているのです。

そしてここでは、「健康」が意味するところも変化しています。

健康は回復させる元の状態ではなく、育てていくべき方向を示すものとなっているのです。健康vs障害の二項対立ではなく、健康は向かうべき方向なのです。それによって、現在の教育的心理的手法は、すべての人々の健康を育成・増進する役割を担うようになったということなのです。

また、こういった健康観は、生産的に社会に貢献する人材を育てるといった人材育成的視点とも重なってきます。メンタルヘルス概念自体が「生産的に実り豊かに働くこと」を含んでいるのですから。

それだけに、この新しい心理主義は現在の社会や教育制度の中に深く浸透していくのです。

9．すべての子に広げられたリスクへのまなざし

治療から開発的予防的対応へ、「特別な子」から「すべての児童生徒」の支援へ、といった変化は一見良いことのように思えます。また「不登校児童生徒」の教育機会を確保していくこと、これもまた当然のことのように思えます。

では、この変容には問題がないのでしょうか。またこの変化によって、「不登校」はメンタル的にマイナス、と見られる傾向はやわらいでいくのでしょうか。

教育機会確保法成立の際には付帯決議が採択され、そこには「不登校というだけで問題行動であると受け取られないよう配慮する」と書かれています。またいじめなどから身を守るために、一定期間休むことの意義も認められました。

この配慮が行き届けば「不登校児童生徒」を特別扱いするまなざしはやわらぐのかもしれません。

しかし、この法律では、「不登校児童生徒」は長期にわたって欠席する児童生徒のうち、「学校における集団の生活に関する心理的な負担その他の事由のために就学が困難である」と認められたものと定義されています。わざわざ「心理的な負担」という用語をつかい、心理的側面をクローズアップしているのです。ここでもメンタル面に注視するまなざしがあるということです。

また、先ほど言及した東京都のガイドブックでも、「不登校」は「自分を見つめ直す等の積極的な意味を持つことがある一方で、学業の遅れや進路選択上の不利益、社会的な自立へのリスクも存在します」（東京都教育委員会［2018］）、「そのため、新たな不登校を生まないよう」、未然防止や「不登校の予兆への対応を含めた早期の段階から組織的・計画的な支援が必要です」（同上）と述べています。

要するに、一定の意義を認めつつも、新たな「不登校」を生まないように未然防止、早期発見が必要だと捉えているのです。

これからの生徒指導・教育相談を「泳ぎ方を教える」生徒指導と例えているホームページもあります（深谷市立岡部中学校［2017］、伊勢市教育研究所［2012］）。

これまでの生徒指導は「川下で溺れてくる子どもを救う」個別対応のものだった。しかし予防的・能力開発的生徒指導は、すべての子どもに「上流で泳ぎ方を計画的に教える」ことを中心としたものである、これからは、上流で泳ぎ方を計画的に教え、それでも溺れた場合は、その子を救うという総合的な生徒指導でなければならない、と。

要するに、学校を長期的に休む状態に陥ることがないように、この社会、あるいは学校の中での泳ぎ方を教える適応的な指導を中心におくということです。

こういった対策をみてみると、「不登校」をマイナスな状態とみているだけでなく、すべての子どもにそのまなざしをひろげているのです。「不登校」にならないように、学校や社会での「泳ぎ方」を教えていこうとしているのですから。

つまり、この傾向は「不登校」を特別視し、その子を救うことだけを考える指導から、「すべての子」に「不登校」のリスクを見つけ出そうとする支援・指導へと変容しているということです。「不登校」をマイナスとみるまなざしは、すべての子どもへと広げられたのです。

10.「不登校」はマイナスな状態なのか？

では、「不登校」はそんなにマイナスなことなのでしょうか。

先ほど言及した高校生は、自分のこれからの生き方を考えていくために、学校内外のさまざまな人々と出会い、さまざまな価値観と遭遇し続けていました。

彼は長期にわたって学校を休んでいましたので、定義上では「不登校」ということになるでしょう。しかし彼のように、自分のあり方を徹底的に模索していく行為はマイナスなことではありません。それを未然に防止すべき状態と捉えてしまってよいのでしょうか。

私は高校教師を辞めた後、一九八〇年代半ばころからフリースクールやオープンスペースなどにかかわり、多くの「不登校」経験者と出会ってきました。

その出会った「不登校」の生徒は一人ひとりまったく違っています。直面している問題も異なっています。「学校は自分の生き方を考え続ける場ではない」と学校での「学び」そのものを根底から問うていた生徒もいますし、他人との関係のあり方を問うていた生徒もいます。また、「働くとは何か？」「この社会で生きるとは？」と考えている人もいました。

学校そのもの、教育制度そのもの、学ぶということそのもの、社会性そのものを根底から問うている人も少なくないのです。

このように、さまざまな形で自分のあり方を模索していく人々、また学校や社会を根底から問うている人たちをひとまとめにして「不登校」と名付け、心理的負担などの困難な状況にあると捉え、メンタル的にマイナスと見てしまう、そして、こういった状態に陥らないようにこの社会・学校での「泳ぎ方」を教えていく、そのことにどのような意味があるのでしょうか。

それでは生徒たちの問いにきちんと応えていくことにならないでしょう。

ともかく「不登校」に陥らないように学校でのすごし方を指導していくよりも、それぞれの悩み・問いにきちんと応じていく関係こそが必要なのです。

11．バラバラの対応よりも組織的・継続的支援がよいのか？

また、バラバラな対応よりも組織的・継続的な支援を、といった方向性についてはどう考えたらよいのでしょうか。

東京都のガイドブックなどでは、バラバラな対応にならないように情報を各機関、各専門家の間で共有しなければならないと言っています。

このような統一的な支援は一見よさそうにみえます。しかし本当にそうなのでしょうか。

私があるフリースペースで出会った生徒が、「今までは、私の意見や趣味はできるだけ他人に言わないほうがよいと思っていました。言うと『え～？』と驚かれるか、『あ～、そうなんだね』と形式的に受け止められるかだけでした。でも、ここである人に話したら、『あ、私もそう！』と喜ばれ、同じ趣味の人も見つけられました。私の感覚を素直に出していいのだとはじめて思いました」とうれしそうに話してくれたことを思い出します。

また家にいることが多かったある生徒がたまたま学校に行き、誰もいない音楽室でピアノを弾いていたらギターが好きな生徒がたまたま通りかかり、その場で即興の共演がはじまりました。まさに気持ちが響きあい、家の外も面白いと思い、それから外に出るようになった、そう楽しそうに私に話してくれたこともありました。

こういったことはあらかじめ予想できないことであり、まさに特異的な出会いです。

今までの学校での一般的な価値観とは異なった価値観を持つ場や人との出会いがその人のあり方を大きく変化させることは少なくないのです。

多様な価値観との出会い、特異的な出来事との出会いは私たちのあり様・生き方に大きな力を作用させます。

組織的・継続的な支援は、場や人が保持するまさに多様な価値観との出会いをどう捉えているのでしょうか。バラバラな対応をさけようとするあまり、支援のあり方をも統一していこうとするやり方は、多様で特異的な価値観との出会いを縮小させてしまのではないでしょうか。特異的な出会いへと開かれた関係こそ重要なのです。

この特異的な出来事や出会いについては第四章であらためて考えていこうと思います。

12. 本章のまとめ

一章では、「不登校」をメンタル的に扱うようになった経緯に焦点をあてて、一九五〇年代からの長期欠席者への世間的まなざしの移り変わりを見てきました。

一九五〇年代はじめには、長期欠席者を見るまなざしは心理的なものではなく、学校を休むことへのプレッシャーも現在とは違っていました。ところが五〇年代後半になると長期欠席者数は減少していき、学校を休むことへの圧力が強まっていきます。

そして一九六六年には文部省は「学校嫌い」の調査を開始し、長期欠席者への心理的側面へのまなざしが強まります。七〇年代後半から八〇年代にかけて、このまなざしはさらに強まり、「登校拒否」を「深い心の問題」と捉えていく傾向が肥大していきます。そして、「登校拒否」は精神科医やカウンセラーの対象とされていくのです。

しかし、この傾向を批判する運動の高まりの中で、「登校拒否」「不登校」を「心の病」あるいは「問題行動」と特別視するまなざしは弱まっていき、「心の専門家」だけに対策をゆだねていくという傾向も減少していきます。

他方で、「病」を治すといった治療的視点よりも「すべての子」の健康を育てていくといった開発的予防的な視点の広がりの中で、「不登校」のリスクを早めに発見し早めに対応していくという早期発見的な動向も生じてきます。「不登校未然防止計画」「不登校半減計画」などが広がっていくのです。

今世紀になってからも、フリースクール、フリースペースの活動は広がっています。そして学校外の学びを行政に認めさせようという運動も高まっていきます。また他方で、行政サイドからの人材育成のための教育という施策も強まっていくのです。

こういった動向が重なって二〇一六年に教育機会確保法が成立します。

しかし、そこでも「不登校」はあいかわらずそのまま放置しておいてはならない状態と捉えられており、自己肯定感を強め、社会的自立を育てていくためには組織的支援が必要であると見られ続けているのです。

そして、未然防止・予防的視点の広まりの中で、「特別な子」だけでなく「全ての子」の中に「不登校」的要因を探していこうとするまなざしが広がっています。

「不登校」をメンタル的なまなざしで見ていこうとする傾向は、形を変えながら広がっているということです。

では、このメンタル的なまなざしの変容とはどういうものなのでしょうか。また、「不登校」はメンタルの問題なのでしょうか。

次章では、この基本的なことを、私自身の経験を通して考えていこうと思います。

注

(1) 情緒障害児短期治療施設
学校や家庭での人間関係の中で感情や情緒に不調をきたし「緘黙《かんもく》」や「不登校」などに陥った児童生徒を、短期間入所させ心理療法や生活指導を行っていた施設をいいます。現在は児童心理治療施設とよばれています。

(2) 日本臨床心理学会
一九六四年に設立された臨床心理を研究する学会です。七〇年代はじめからは心理治療や心理テストを「受けた側」・「される側」・「当事者」からの告発・批判を受け止め、「臨床」という営為そのもののあり方を点検し続けてきました。臨床心理の国家資格化には批判的でした。

そのこともあって、国家資格化をめざしたグループは、日本心理臨床学会という名の別の学会を一九八二年に設立します。

(3) 日本社会臨床学会

一九九一年に心理士の国家資格化をめぐる議論の中で臨床心理学会から脱会したメンバーが中心になって一九九三年に設立した学会です。学会則では「社会・文化のなかで『臨床』という営為を点検、考察し、さらにそのあり方を模索すること」(学会則第三条)を目的とするとうたわれています。臨床心理の国家資格化には批判的な立場をとっています。

(4) WHOの原文は、"Mental health is not just the absence of mental disorder. It is defined as a state of well-being in which every individual realizes his or her own potential, can cope with the normal stresses of life, can work productively and fruitfully, and is able to make a contribution to her or his community."

(日本語翻訳は『メンタルヘルス アクションプラン 2013-2020』(国立精神・神経医療研究センター精神保健研究所 自殺予防総合対策センター)。

参考文献

伊勢市教育研究所 二〇一二「栗原慎二先生の講座『誰も行きたくなる学校を創る』」『たより』九号。

稲村博　一九八八「三〇代まで尾引く登校拒否症、早期完治しないと無気力症に」（『朝日新聞』一九八八年九月一六日夕刊）。
河合隼雄　一九八五「『心』の専門家の必要性（上）いじめ・登校拒否は薬では治らぬ」（『毎日新聞』一九八五年一二月九日夕刊）。
教育再生実行会議　二〇一六『全ての子供たちの能力を伸ばし可能性を開花させる教育へ（第九次提言）』https://www.kantei.go.jp/jp/singi/kyouikusaisei/teigen.html.
教育再生実行会議　二〇一九『技術の進展に応じた教育の革新、新時代に対応した高等学校改革について（第十一次提言）』。
小林正泰　二〇一五「戦後新学制下における長期欠席問題―文部省による問題把握と施策の分析―」『学校教育研究』三〇巻。
全国不登校新聞社　二〇一六『不登校50年証言プロジェクト#01 佐藤修策』http://futoko50.sblo.jp.
二〇一七『不登校50年証言プロジェクト#24 中沢たえ子（旧姓：鷲見たえ子）』。
竹村洋介　二〇一七『近代化のねじれと日本社会』批評社。
東京都青少年非行問題対策委員会　一九八二『すこやかでしなやかな自我の形成を―東京都における青少年非行とその対応の基本的方策―』。
東京都教育委員会　二〇一八『児童・生徒を支援するためのガイドブック～不登校への適切な対応に向けて～』。
内閣府　二〇〇五『青少年の就労に関する研究調査』https://www8.cao.go.jp/youth/kenkyu.htm.
内閣府　二〇〇五『若者の包括的な自立支援方策に関する検討会報告』https://www8.cao.go.jp/houkoku2.
内閣府　二〇一六『科学技術基本計画』https://www8.cao.go.jp/cstp/kihonkeikaku/5honbun.pdf.
日本社会臨床学会　二〇〇八『シリーズ「社会臨床の視界」四　心理主義化する社会』現代書館。
深谷市立岡部中学校　二〇一七「チーム岡部中　総欠席を減らす取り組み」岡部中学校長　吉田勇　https://www.okabej.ed.jp.
福島裕敏　一九九八「一九五〇年代長欠論の再構成―〈家族・学校〉関係の視点から―」『〈教育と社会〉研究』第

八号。
不登校に関する調査研究協力者会議　二〇一六『不登校児童生徒への支援に関する最終報告〜一人一人の多様な課題に対応した切れ目のない組織的な支援の推進〜』。
保坂亨、重歩美、土屋玲子　二〇一七「学校教育における不就学と長期欠席問題（第二報）—不就学と長期欠席への対策が始まる（一九五〇年代）—」『千葉大学教育学研究紀要』六五巻。
二〇一七「学校教育における不就学と長期欠席問題（第四報）—転換期としての一九七〇年以降の長期欠席と不就学問題—」『千葉大学教育学研究紀要』六六巻。
文部省初等中等教育局　一九九二年『登校拒否（不登校）問題について—児童生徒の「心の居場所」づくりを目指して—』学校不適応対策調査研究協力者会議報告。
山岸竜治　二〇一八『不登校論の研究　本人・家庭原因説と専門家の社会的責任』批評社。
山下恒男　一九八五「『心』の専門家は誰にとって必要か—河合隼雄氏に反論する—」『クリニカルサイコロジスト紙』一二一号。
山下耕平　二〇一六「シンポジウムⅡ『不登校』問題をめぐる現状を考える」話題提供一『社会臨床雑誌』第二四巻第二号　日本社会臨床学会編・現代書館発売。
臨時教育審議会　一九八六『教育改革に関する第二次答申』。
渡辺位　一九八三『登校拒否・学校に行かないで生きる』渡辺位編著　太郎次郎社。
World Health Organization 2013 “MENTAL HEALTH ACTION PLAN 2013-2020”『メンタルヘルス アクションプラン 二〇一三—二〇二〇』）国立精神・神経医療研究センター精神保健研究所 自殺予防総合対策センター。

第二章　そもそも「不登校」は問題なことなのか？

第一節　メンタルヘルスって？

第一章では、「不登校」がどのような経緯で「心」の問題として扱われるようになったかを述べてきました。

一九五〇年代はじめには長期欠席者は「心の問題」とは見られていなかったのですが、六〇年代半ばくらいから、長期欠席者のうち、病気や経済的理由以外で休む人は特別視されるようになり、「学校嫌い」「登校拒否」「不登校」といった名前がつけられてきました。そして、メンタル面が注視されるようになったのです。

しかし「心の問題」だけに還元することへの批判が高まり、今世紀に入ってから心理面だけに注目する傾向は弱まってきました。それでも、相変わらず「不登校」はメンタルの問題を中心に見られ続けています。

では、そのメンタルヘルス・心の健康とはいったいどのようなものなのでしょうか。第一章でも参照しましたが、WHO（世界保健機関）は次のように説明します。

「メンタルヘルスとは、人が自身の能力を発揮し、日常生活におけるストレスに対処でき、生産的に働くことができ、かつ地域に貢献できるような満たされた状態（a state of well-being）である」（WHO［2013］）。

また、厚労省の『健康日本21』では、メンタルヘルス・心の健康を次のように定義しています。

「こころの健康とは、世界保健機関（WHO）の健康の定義を待つまでもなく、いきいきと自分らしく生きるための重要な条件である。具体的には、自分の感情に気づいて表現できること（情緒的健康）、状況に応じて適切に考え、現実的な問題解決ができること（知的健康）、他人や社会と建設的でよい関係を築けること（社会的健康）を意味している。人生の目的や意義を見出し、主体的に人生を選択すること（人間的健康）も大切な要素であり、こころの健康は

『生活の質』に大きく影響するものである」（厚労省［2000］）。

要するに、メンタルヘルスには、身体や心の状態だけでなく、社会経済的状況や対人関係などの多くの要因がからんでいるものと捉えられているのです。知的健康や社会的健康、人間的健康も含まれた概念となっています。そして「すべてが満たされた状態 well-being」を指すようになっているのです。

1．状態ではなく方向性を示す「健康」

しかし、こういったメンタルヘルス・心の健康概念を見ていると、健康な人ってどこにいるのだろうと思ってしまうでしょう。状況に応じた問題解決ができ、他人たちと建設的な関係が築け、主体的に生きていく、そんな人はどこにいるのだろうか、と。

私自身も、こんな健康状態にはないといわざるを得ません。

でも、ここでいう健康とは私たちの現在の状態を意味しているのではないのです。そうではなく、私たちがこれから向かっていくべき方向を表したものなのです（日本健康心理学会編［2002］）。

健康心理学者のジョージ・C・ストーンは、WHOの健康観は「状態」よりも「方向性」を表したものだと述べています（ジョージ・C・ストーン編［1990］）。

健康状態は人によって違っています。その個々の具体的健康状態よりも、ともかく皆がめざすべき方向、「満たされた状態 well-being」といった方向性、それをこの健康観は示していると述べているのです。

そうなるとこの健康観は治療との関係を表すだけのものではなくなっているということです。治療は、元の「安定した状態」に戻すことが目標となっていることが多いからです。

しかしWHOは「満たされた状態を！」と求めているのですから、元に戻るどころか未だ到達したことのない健康をめざしているともいえます。つまり健康を増進させること、あらたな状態を開発していくという方向性を示しているということなのです。

WHOは一九八〇年代に入ってから、「すべての人に健康を！」を目標としたヘルスプロモーション（健康増進）を唱えており、すべての人の生活の質（QOL）を高めていくことを一つの課題としています。まさにすべての人の健康をつくり、促進していく立場をとっているのです（I・キックブッシュ［1992］）。

こういった流れにそって、日本の厚労省も、先ほど言及したメンタルヘルス観を打ち出しています。

そして健康増進的姿勢にも拍車をかけているのです。

二〇〇二年には健康増進法が成立していますが、その第二条では、「国民は、健康な生活習慣の重要性に対する関心と理解を深め、生涯にわたって、自らの健康状態を自覚するとともに、健康の増進に努めなければならない」とされており、健康増進は国民の責務となっています。

わたしたちは、健康状態にむかって増進していかなければならないのです。
まさに健康・メンタルヘルスは私たちが進むべき方向性を示しているということです。

2. 健康戦略の転換

こういった健康観の変化の背景には、二〇世紀の健康戦略からの大きな転換があります。社会学者の猪飼周平は、現在その転換がおこりつつあると指摘しています（猪飼周平［2010］）。二〇世紀は病院を中心とした治療システムが整備されていった時代でした。そこでは、「治療」中心の健康戦略が支配的だったのです。

しかし、徐々に「生活」という観点が重視されてきます。病気が完全には治癒していなかったとしても、身体の機能が衰えたままだったとしても、大事なことは生活の質（ＱＯＬ）をできるだけ維持していくことなのではないか、そういった議論がなされるようになってきたのです。

特に高齢化社会の中では、高齢となって、なんらかの病気をかかえたまま生きていく人が多くなります。そこで、病気であったとしても、生活の質をどう維持し高めていったらよいのか、それをどうやって支えていったらいいのか、そういった「生活」の観点が重視されるようになったのです。

こうなると「治療」という視点だけでなく、「生活」の「支援」という観点からの議論が大事になってきます。医療機関が中心となって行う「治療」の比重は相対的に低くなってきたのです。

そして「健康」概念も変化していきます。

健康は単に病気ではないことを意味するのではなく、身体的にも、精神的にも、社会的にも「すべてが満たされた状態（well-being）」を意味するようになります。そして、「治療」は健康戦略の一部分でしかなくなっていくのです。医療システムは、健康戦略を担う中核システムから、予防・医療・介護・居住などのいくつもの生活を支えるネットワークの一つへと後退しつつあるということなのです（同上、p.21）。

3. メンタルヘルス施策が不可欠となった社会

「治療」だけでなく「生活」の質を高めていく、そのことには何の問題もないように思えます。でも、本当にそうなのでしょうか。

私たちは、「満たされた状態 well-being」に至るべく、健康の増進に務めていかなければならない責務を負っています（健康増進法二条）。一人ひとりが幸福で満たされた状態をめざすのは当然のことと思えます。けれども、その方向を行政・政府が設定するということ、そこに問題はないのでしょうか。

健康やヘルスプロモーションを国が担うということ、それは、当然の事ながら、そこに政治がからんでくるということを意味しています。そのときの政府・行政施策がどのような方向を向いているかということに「健康」施策が影響を強く受けるということなのですから。

第一章でも書きましたように、現在の社会では人材をいかに育てるかというテーマが大きな位置をしめるようになってきています。特に一九八〇年代以降、人材育成は社会政策の軸になりつつあるのです。他の国に負けない生産力を作り出していくためには、どのような産業構造を育て、どのような人材を育成するのか、そこが大きなテーマとなってきているのです。そういった政治的テーマは、メンタルヘルス増進の方向性と絡んできます。

厚労省の「健康日本21」が育成すべきとしている「状況に応じて適切に考え、現実的な問題解決ができること（知的健康）、他人や社会と建設的でよい関係を築けること（社会的健康）」といったメンタルヘルスは、まさに人材育成という視点から望まれている能力でもあるのです。

一九七〇年代までの社会では、労働者の多くは画一的な作業を要求されていました。工場に何百人もの労働者が集まり、ベルトコンベアの流れにそって毎日同じ仕事をくりかえしていく、そういった仕事が求められていたのです。上司にいわれたことを規律正しく守り、働いていく、それが基本だったのです。

でも今はロボット化が進み、工場で多くの労働者が集まって作業するということ自体が縮小してきました。また自宅などでＰＣ・インターネットを利用しながら作業することも可能になってきています。そこで求められるのは規律を守ることに加えて、創意工夫などの能力なのです。

先を見通して何かを開発していけるようなイノベーション能力、何らかの困難に遭遇したとしてもそこにある課題を解決していけるような問題解決能力、そして仕事などで出あう人々とすぐにうまくやっていけるようなコミュニケーション能力、そういった能力が要請されてきているのです。

それらの能力を育てていくためにも不可欠な条件となっているのがメンタルヘルス増進なのです。安定した心の状態を育てるというだけではなく、上記のような知的健康、社会的健康を育てていくことが課題となっているのです。

まさに現代社会においてはメンタルヘルスを育てるという政策は単なる付け足しのものではなく、大きな構造的特徴となっているのです（Alain Ehrenberg〔2010〕、p.370）。

それだけに、メンタルヘルスの増進は、私たちがどのような社会を築いていくのかという課題と密接に絡んでおり、政治性を強く帯びてきているということです。

4．健康戦略の政治性

では、その政治性とはどのようなものなのでしょうか。

アメリカ心理学会の会長であったマーティン・セリグマンは、心理学の政治性についてはっきりと言及しています（マーティン・セリグマン〔2014〕、p.394）。

心理学的政治の目標とは何か、セリグマンは次のように書いています。

それは従来のものとは違い、「富や征服ではなく、ウェルビーイングwell-beingである」（同上、p.394）と。

ではウェルビーイングとは何なのでしょうか。日本語では「十全な状態」とか「満たされた状態」、または「幸福な状態」と訳されていますが、具体的にはどのようなことを指すのでしょうか。

セリグマンは、幸福や喜び、愛情といった肯定的感情を意味するポジティブな感情、なんらかの行動や作業に熱中している状態、他者との豊かな関係性、生きる意味・意義を感じること、何かを成し遂げる達成感、などをウェルビーイングの状態としてあげています。

しかし、これでは意味はわかるのですが漠然としすぎてはっきりしません。

それでも、このウェルビーイングは幸福感や他者との関係性という具体的な生活感覚にかかわっているのですから、ウェルビーイングの政治は私たちのライフスタイル、生活感覚に直結した具体的なものです。そして、私たちの具体的なあり方に深く影響を与えるものなのです。

また、この政治はさまざまな場面での私たちの生き方・あり方にかかわってくるだけに問題性も持ってきます。

セリグマンは、米軍のレジリエンス（精神的回復力）トレーニング・プログラムの作成にかかわっていました。米軍は毎年医療問題に二兆ドルを費やしているとのことです。その費用を減少させ、PTSDを予防し、逆境に陥ったとしても速やかに立ち直る兵士を増やすことが必要であるということで、セリグマンは総合的兵士健康度プログラムという陸軍の訓練にかかわっていたのです（同上、七章）。

このプログラムは兵士のウェルビーイングを高めるという目的を持ったものです。しかし、PTSDによる米軍兵士の戦闘能力や戦闘意欲の低下という問題にもそのことはかかわっています。

そして、それは軍事力という国家政治に深くかかわっているのです。

このように、健康増進の政治は軍事や人材育成など、私たちの社会のさまざまな領域に深くかかわってきています。

5．私たちの日常生活に深くかかわる政治

こういった健康戦略、健康政治はどのような要請によるものなのでしょうか。

一つは国家からの要請です。人材育成や軍事はまさに国家にかかわることです。社会の要請にそって国家が打ち樹てる政策にかかわるものです。

現在のように、激しく変化しつつある社会の中で、どういう人材を育成していくのかという国家的な施策と健康の増進という方向が重なってきている場合、国家行政の観点を問うことはさけられません。

しかし、この健康戦略は、私たちの日常生活に直接かかわっている以上、国家単位の政治、マクロ的とも言えるような政治だけでなく、私たちをとりまく身近な人間関係、ミクロともいえるような関係にも深くかかわっているということを見ていかなければなりません。

特に、「不登校」などの問題を考える時、当事者、親、教員、友人、地域の人々といった身近な人々がどのような要望を持っているかが健康戦略・政治に強い影響を与えるのです。

学校を長期にわたって休むと、周囲の人々の多くは心配し、はやく学校に戻ってほしい、なんと

かできないのだろうかという要望を本人だけでなく、教員、カウンセラー、医者などに向けることが多いのです。こういった身近な人々の要請・ニーズに健康戦略は応えようとします。

法律にもとづいたシステムは国家の意思を通して成立するのですが、それはミクロレベルの要請にもとづいています。これらの要請の積み重ねの上にマクロ的な意向が加わり、成り立つのです。また逆に、こういった法律、施策は私たちの日常的な生活感覚を大きく規定してきます。

教育機会確保法は、「不登校児童生徒」を「相当の期間学校を欠席する児童生徒であって、学校における集団の生活に関する心理的な負担その他の事由のために就学が困難である状況として文部科学大臣が定める状況にあると認められるものをいう」(第二条三項)と定義していますが、こういった見方は私たちの感覚・考え方に大きく影響を与えます。「不登校」の人たちは学校生活に対して「心理的な負担」などをかかえているため、登校することができない困難な状況にある人たちなのだ、そういった見方を強めてしまうのです。

6. 「不登校」とメンタルヘルスが持つ問題性

では、メンタルヘルスが示している方向性は具体的にはどのような問題をかかえているのでしょうか。現在の健康政治がかかえている問題性とはどのようなものなのでしょうか。

厚労省などが表しているメンタルヘルスの内容だけを読んでいると分かりにくいのですが、向かってはならない、陥ってはならない方向とされていることを見ていけば、逆にその問題性がはっきりと見えてきます。

その陥ってはならないことの一つが「不登校」なのです。「不登校」は予防の対象ですし、早期発見早期対応の対象です。また、長期化してはならない状態と捉えられているのです。

文科省の不登校に関する調査研究協力者会議の最終報告（文科省［2016］）によると、「不登校」状態が継続することは、自己肯定感の低下を招き、本人の進路や社会的自立のためには望ましくないことである、とされています。そこで、「不登校」を教育的観点のみで対応するのでなく、多様な要因を把握し、共感的理解と受容の姿勢によって接し、自己肯定感を高め、社会的自立につながるような支援を行わなければならないとしているのです。

ここで強調されているのが「社会的自立」です。メンタルヘルス的にいうと「社会的健康」です。「不登校」は特に社会的健康育成という観点からみてマイナスと捉えられているのです。

そこで「不登校児童生徒への支援の目標は、児童生徒が将来的にも経済的にも自立し、豊かな人生を送れるよう、その社会的自立に向けて支援することである」（同上、p.9）と述べています。「社会的自立に向けて支援する」という方向性がはっきりと示されているのです。

メンタルヘルスが示す方向性、特に社会的健康の育成という方向からみると、「不登校」はマイナスであるということなのです。

社会的健康、つまり厚労省の「健康日本21」的にいうと「他人や社会と建設的でよい関係を築ける」状態、WHO的にいうと「生産的に働くことができ、地域に貢献することができるような満たされた状態 well-being」とは逆の方向に向っていると見られているのが「不登校」なのです。

「不登校児童生徒」はそのままにしておくと、他人や社会と建設的な関係を築けなくなり、生産的に働くことができず、コミュニティに貢献することができなくなる可能性が高いと見ているということです。

しかし、建設的な関係ってなんなのでしょうか。また、生産的に働くとは、地域に貢献するとはどういうことなのでしょうか。

この点は非常に重要なことであり、ここを具体的に考えていくことによって、メンタルヘルスが向かおうとする方向性の問題点が見えてくるのです。

ただ、この点はもう少し後で、「不登校」について具体的に考えた後で検討していきたいと思います。

いずれにせよ、現在の健康政策では、社会的自立、社会的健康を育成するという観点から「すべての児童生徒」に対応し、「不登校」状態に陥らないように予防的な対策がとられ、「不登校」になったとしても長引かないように、さまざまな専門家による組織的で切れ目のない支援が行われていくのです。

第二節　「不登校」はメンタル的に問題なことなのか

1．「不登校」は問題な状態なのか？――周囲のまなざしから逃れようとする生徒

では、「不登校」は本当に問題な状態なのでしょうか。メンタルヘルス的にみて問題な状態なのでしょうか。

当たり前のことですが、私が出会ってきた「不登校」の生徒は一人ひとりまったく違っています。にもかかわらず「不登校児童生徒」という名前で一括りにされ、「心理的な負担その他の事由のために就学が困難である状況」にある人と判断されています。そして、そのまま放置しておけば社会的自立へと向かわないと捉えられてしまうのです。本当にそうなのでしょうか。

私が高校教師をやっていた頃出会った生徒に「誰からも見えないような小さな存在になることによって、今後の自分のことを考えていきたい」といった趣旨のレポートを書いた後、しばらく学校に来なかった生徒がいました。

この生徒は「人間が生きるとはどういうことなのか」ということをつきつめて考えていました。でもはっきりとしたものはつかまえられず、このことを考えていこうとしても、学校にいると、授業などに追われ、時間の流れに追い回されてしまい、考えることができない、と書いていました。

自分は大所高所から考えていけるような大きな人物ではない、そこで、他人のまなざしからは見えないくらいの小さな存在になってゆっくり考えていきたい、と。友人からも教員からも見えない存在になって考えていきたいと書いていたのです。

彼は、学校を休んでいる間、自宅で本を読んだりしてゆったりと考えていたそうです。そして何らかの自分の方向性を見つけたらしく、学校にもどってきました。その後は休まずに卒業していきました。

彼のようなあり方をマイナスな状態と捉えてしまってよいのでしょうか。

自分の今後のあり方を考えていくために、しばらく日常生活の流れから身をひき、ゆっくりと根底から問い直し、考えていく、そのことは問題な状態なのでしょうか。社会的自立に向かわないメンタル的にマイナスな行為とみてしまってよいのでしょうか。

彼だけでなく、この社会のあり方を根底から問うたり、学ぶということそのものを問うたり、働くということそのものを問い直したいと思い、学校生活から身を離した人たちと私は出会ってきました。

しかし、こういった姿勢は社会的健康の育成という観点からは問題だと捉えられてしまうのです。

二〇一九年の文科省通知『不登校児童生徒への支援の在り方について』では、「不登校の時期が休養や自分を見つめ直す等の積極的な意味をもつことがある」と認められてはいます。しかし他方で「学業の遅れや進路選択上の不利益や社会的自立へのリスクが存在することに留意する」必要があると述べられているのです。

そして、社会的自立へのリスクがある以上、「不登校」にならないように予防すべきであるし、「不登校」になった場合は長期化しないように支援すべきとされているのです。

「不登校」のリスクが少しでも見られる時、さまざまな専門家たちが連携をとりながら情報を集め組織的に支援体制を組んでいくことが必要とされています。

しかし、誰からも見えない小さな存在になって、ゆっくり考えようとする生徒にとって、組織的に情報を集めようと接してくるさまざまな専門家のまなざしはどのようにうつるのでしょうか。

彼は小さな存在になって周囲の人たちのまなざしから逃れようとしていたのです。そうすることによってゆったり考えようとしていたのです。情報を得ようと接してくる専門家たちのまなざしは、そのことを許さないものでしかありません。

しかも、問いが生じてきたばかりの早期の段階から予防的にかかわり、社会・学校そのものを問い苦しむような状態にいたらないようにと支援してくるのです。

「社会・学校」からいったんはずれることによって、「社会」そのものを考え直そうとする人たちにとって、ともかく社会的自立を育成しようと迫ってくるこうした支援のまなざしは、既成の「社会・学校」という枠組みの中で生きていくことを求めるまなざしでしかないのです。

2.「生きるとは何か」という問いに応えるよりも、心理的に対応された生徒

あるフリースペースで出会った生徒で、友人の死を契機に「生きるってどういうことなのだろうか」と真剣に考え始めた人がいました。彼女は、学校でいろいろな先生にこの問いを向けていました。担任や社会科の先生など、このことをちゃんと考えているのではないかと思われる人に聞いてまわったそうです。

でもきちんと応じてくれた教師はいず、彼女の真剣な表情に恐れをなしたのか、「カウンセラーに相談してみなさい」と言われてしまったそうです。仕方がないのでカウンセラーの所にいきました。話は聞いてくれたそうですが、生きるということについてのカウンセラーの考え方は告げてくれなかったそうです。

「生」について先生たちがどのように考えているのかを知っておきたい、そしてそのことを材料にこれからのことをいろいろ考えていこうと思っていただけなのです。それなのに、何か心理的な問題を抱えているかのように対応されてしまった、と語っていました。

彼女は、学校は生・死といったことについて真剣に考えていく場ではないと思い、学校をやめたそうです。

結局、彼女の「自分を考え直そうとする」問いは受け止められず、心理的に対応されてしまったのです。「不登校」へのリスクを感じ取られ、未然に防止すべく早期に対応されてしまったのです。

学校の対応は、「休養」や「自分を見つめ直す」（文科省通知［2019］）ことに応じるのではなく、

未然防止の対応でしかなかったということです。

「不登校児童生徒」へのこのような対応は根底から問う姿勢に応えていくことではありません。ともかく既成の社会の枠組みの中での社会性を育てていくということでしかないのです。

第三節　「逃げる」ことは悪いことなのか？

1．「逃げる」ことについてのフランス・ヴァンセンヌ校での議論

「不登校」への偏見として、嫌なことがあったとしても、それに立ち向かわず、簡単に逃げてしまっているのではないかという見方があります。「自分を見つめ直す」といっても直面していることから逃げていくための口実ではないか、と。

多くの生徒は多少のトラブル・困難に遭遇したとしてもなんとか切り抜けようと努力しています。しかし「不登校」になる人は簡単にそこから逃げてしまう傾向が強いのではないか、困難に出会った時に自分をコントロールしながら乗り越えていこうとする力が育っていないのではないか、と。

「小さな存在になって、他人のまなざしから逃れたい」と言っていた生徒に対しても、逃げているのではないかと言う人もいました。

しかし、そもそも「逃げる」ということはそんなにまずいことなのでしょうか。

私は高校の教員になる前、一九七二年から一九七四年までの二年間、パリ大学ヴァンセンヌ校(5)の哲学科に留学していました。

そこは一九六八年の「五月革命(6)」直後に設立された大学で、自由な雰囲気にあふれていた大学でした。学長は学生も参加した選挙で選ばれ、授業も自由で激しい討論が常に行われていました。教授と学生も初対面からいきなり「君は……、お前（tu）は……」で呼び合うような雰囲気で満ちていた大学・学科だったのです。

その哲学科のいくつかの授業・ゼミで議論されていたテーマの一つが「逃げる」についてでした。当時は「五月革命」のような大きな叛乱は収束していたのですが、さまざまな運動が活発に行われていました。フェミニズム運動やセクシュアリティにかかわる解放運動、学校・教育制度をめぐる闘争、反精神医学運動、監獄をめぐる運動などなどです。

そこでテーマの一つとなっていたのが「逃げる」ということです。

特に学校や精神医学にかかわる運動の中で問題になっていました。学校から抜け出そうとする子どもたち、精神病院の不当な拘束から逃げようとする「病者」の人たち、その「逃げる」という行為をどうとらえるかが一つのテーマだったのです。

この「逃げる」を否定的にしかみない見方が一般的でした。政治活動に積極的だった学生の人たちの中でも、否定的にとらえる意見をのべる人がいました。

逃げるということは現実からまさに「逃げる」行為であり、直面している問題を何とか解決していこうとするものではない、目の前にある矛盾を何とか乗り越えていこうとする行為ではない、という意見です。それは、自分が置かれている状況から目をそむけることでしかなく、そこで責任を果たそうと努力することでもない、そして現実逃避することでしかなく、行動をあきらめ空想の世界に逃げてしまうことなのだ、と。

2.「逃げる」とは創造的な行為である――G・ドゥルーズの思想

それに対し、ヴァンセンヌ校哲学科で教えていたフランスの思想家ジル・ドゥルーズ（一九二五～一九九五）は、「逃げる」ということは現実的で創造的な行為であると発言していました。「逃走すること、それは行動を断念することではまったくない。逃走ほど行動的なものはない」（G Deleuze［1996］翻訳、p.67）と、後年、ドゥルーズははっきりと述べています。

「逃走する」とは既成の枠組み、歩むべき既成のコースからはずれることを意味します。一般的に進むべきとされている進路から逃げ出すこと、逸脱することを意味しているのです。

ある意味では、「不登校」も既成の枠組み・コースから逃げ出す行為です。

しかしそれは、現実を回避して空想の世界に逃れることではありません。学校の授業の流れから身を離し、学校を休むということはまさに現実的な行為なのです。場合によっては学校を卒業し進学していくという既成のコースとは別の道を歩むことになるかもしれない、具体的で現実的な行為なのです。

小さくなって他人のまなざしから逃れようとした生徒の行為も、まさに現実的な行為だったのです。これからどうやって生きるかを考えていくために学校の日常生活からしばらく身を引く行為だったのです。

ドゥルーズは、大きな誤りがあるとすれば、それは「逃げる」ということは「生」から逃れていることだと思ってしまうことにある、と述べています。そうではなく、逃げることは新たに現実を作り出し、「生」を創造していくことなのです（同上、p.87）。

「小さくなろうとした」生徒は、自分のこれからのあり方、生の方向性を探り創っていくために学校の日常生活から一時的に逃れたのです。まさに新たな生き方を作り出すために日常生活の流れから身を引いたのです。

3．学校を休むとはまさに現実的な行為であり、これからの生き方を模索する行為である

学校を長期にわたって休み、中退した生徒が突き当たるのが「これからどうするの？」という問いです。高校などを中退する際に、親御さんたちから問われるのがこの問いなのです。本人もまた考えざるを得ません。「不登校」経験者は幸か不幸か、この問いを真剣に考えざるを得ないのです。

高校を中退した後しばらくして大学に進学した生徒がよく言うのは、「ふつうの大学生ってこれから先のことをあまり考えていないんだな〜」という言葉です。「ふつうの大学生」がこれから先のことを真剣に考え始めるのは、大抵は就活を始める頃です。大学三、四年になってからです。

しかし、「不登校」経験者はもっと早い時期にこのことに直面せざるを得ません。「ふつうの生徒」が歩む方向とは違った道を進むことになった場合、「これからどう生きていくのか」という問いはリアルで切実なものなのです。これからの「生」を現実的に考えていかざるを得ないのですから。「不登校」はまさにそういう行為です。学校の日常生活から身を引き、友人や教員たちのまなざしから逃れるという行為は現実的な行為であり、これからの「生」を模索していく、あるいはいかざるを得ない行為なのです。

確かに既成の枠組みの中で生きていく行為ではないかもしれません。またその分さまざまな危険性もあるかもしれません。そして「ふつうの意味」での「社会性」を成熟させる方向に向かっていないのかもしれません。

その「ふつうの枠組み」に捉われない行為、生を模索する行為、ある意味で「逃げている」行為をメンタルヘルス的にみてマイナスと見てしまった上で対応することは、「自分を見つめ直す」姿勢をきちんと受け止めることにはなりません。

「不登校」の人たちは現実的に自分の生を模索し、創り出そうとしているのです。この行為をリスクとしてしか見ないまなざしでは、既成の社会の中での「社会的健康」へと導くものでしかないのではないでしょうか。

こういった見方・対応は文科省特有の立場、人材育成的なまなざしであるとだけ言うつもりはありません。「不登校」の生徒を取り巻く多くの人たちのまなざしでもあるのですから。

それだけに「不登校」をマイナスと見るまなざしをさらに問うていく必要があります。またそのまなざしが持つ問題性を考えていかなければならないのです。

注

(5) パリ大学ヴァンセンヌ校

一九六九年にパリのヴァンセンヌの森に設立された大学で、パリ第八大学とも呼ばれています。国民教育大臣エドガー・フォールによる改革の一環として設立され、学生の意向を強く反映した実験校として知られていました。

一九八〇年にヴァンセンヌの森からパリ郊外のサン・ドニに移され、ヴァンセンヌの実験的試みは終わったとも言われてもいます。しかし、ヴァンセンヌ大学の精神を受け継ぐという意味もあって、パリ第八大学は、ヴァンセンヌ=サン・ドニ大学という名で呼ばれています。

(6) 五月革命

一九六八年五月にパリを中心に起こった学生および労働者の大規模な運動をいいます。五月なかばにはゼネラルストライキも行われました。当時の大統領ド・ゴールは国会を解散し総選挙に打って出て、ド・ゴールに近い政党が勝利し、大規模の運動は収束しました。

しかし、それを契機に、さまざまな差別や精神医学、セクシュアリティを問う運動などが広まっていきました。

フランスでは「五月革命」ではなく、単に「68年5月　mai 68」とよばれています。一九六八年は世界各地で大きな闘争が起こっており、日本での大学闘争、チェコの「プラハの春」、メキシコの「トラテラルコの虐殺」などが有名です。

参考文献

猪飼周平　二〇一〇『病院の世紀の理論』有斐閣。

厚生労働省　二〇〇〇『健康日本21』http://www.kenkounippon21.gr.jp.

日本健康心理学会編　二〇〇二『健康心理学概論』実務教育出版。

文部科学省　二〇一六『不登校児童生徒への支援の在り方について（通知）』。

二〇一九『不登校児童生徒への支援の在り方について（通知）』。

イローナ・キックブッシュ　一九九二『二一世紀の健康戦略三　ヘルスプロモーション―戦略・活動・研究政策―』島内憲夫訳　垣内出版株式会社。

ジョージ・C・ストーン編　一九九〇『健康心理学　専門教育と活動領域』本明寛、内山喜久雄監訳　実務教育出版　原著は一九八七年。

マーティン・セリグマン　二〇一四『ポジティブ心理学の挑戦〝幸福〟から〝持続的幸福〟へ』宇野カオリ監訳　ディスカバー・トゥエンティワン　原著は二〇一一年。

G Deleuze et C Parnet 1996 "Dialogues" Flammarion　江川隆男・増田靖彦訳『ディアローグ　ドゥルーズの思想』二〇一一　河出文庫。

Alain Ehrenberg 2010 "La société du malaise" Odile Jacob.

World Health Organization 2013 "MENTAL HEALTH ACTION PLAN 2013-2020"『メンタルヘルス アクションプラン 2013-2020』）国立精神・神経医療研究センター精神保健研究所 自殺予防総合対策センター。

第三章　ズレること、漏れること、逃げること

第一節　ズレること、漏れること

1．「逃げる」ことについての前章の議論

第二章の後半では、「逃げる」ということについて論じてきました。「不登校」の人は、ちょっとしたことでも耐えることができずに簡単に逃げてしまう生徒ではないかという偏見のまなざしで見られています。すぐ逃げてしまうのは小さい頃から何らかの心理的負担を抱えているからなのではないか、と。

それに対して、そもそも「逃げる」ということはそんなにまずいことなのかという基本的な点にもどって議論をしてきました。

「逃げる」ということは現実を回避することではなく、リアルな行為であり、自分が「生きる」ことを模索していく積極的な行為である、と説明してきました。そして、そのことを「不登校」問題と関連づけて論じてきました。

しかし、「不登校」経験者が語ってくれることを聞く限り、はっきり「学校から逃げるぞ！」と思って休む人は少ないのです。「逃げる」という言葉を聞くと、かなり意識的な行為を思い浮かべてしまいますが、そういった表現では捉えきれない部分があるのです。

そのあたりの微妙なズレをどう考えたら良いのでしょうか。その点について、この章では考えていきたいと思います。

2．ズレるということ

小学校三年生から「不登校」になった経験を持った野田彩花は『名前のない生きづらさ』（野田彩花・山下耕平［2017］）という本の中で以下のように述べています。

「9歳で不登校になってから、私はずっとズレている。学校に行くこと、働くこと、大人になること、女性であること……。

外れている、わけではないのがポイントだ。大勢の人がそうしているという意味での「あるべき姿」とか、社会をまわしていくための暗黙の「約束ごと」。そういうものから完全に距離を置いているわけでも、自由な場所にいるわけでもない。ただ、どうしようもなくズレ続けているだけだ。

　同じズレている人でも、自覚的に、意識的に「ズラしている」人もいると思うし、個人的にはそっちの方が格好良いと思うのだが、私の場合、どう考えても「ズレちゃった人」だ」(野田彩花・山下耕平［2017］、p.32)。


　完全に外れているわけではないが、なんかズレている、どうしようもなくズレ続けている、こう感じる人は少なくないのではないでしょうか。

　自覚的でも意識的でもないが、親御さんや周囲の人が期待するあり方や進んでほしいとされる道から何か少し外れている、あるいはズレていると感じている人は多いのではないでしょうか。「男性だから……しなさい」「女性だから……」といった周囲から求められるあり方、「もう中学生だから……」「高校生だから……」と期待されること、あるいは周囲から望まれる進路からもズレてしまっている、そこから完全に外れているわけではないが、なんか違っている、そう感じてしまう人は少なくないのです。

　また「自分の生きづらさ」に名前をつけることから生じる安心感とズレについても野田彩花は述べています。自分の「生きづらさ」に「名前がない」ことに途方に暮れていた時期がある、と。「名づけようのない」生きづらさ、「名前をつけたそばからズレていってしまう、かげろうのような生きづらさ」(同上、p.47) についても語っていました。

よくわからない悩み、不安感、「かげろうのようなつらさ」を抱いている人は少なくありません。そして、その悩み、不安、つらさに名前がつくと少し安心します。あるいは原因がはっきり示されるとほっとすることもあります。「あ〜、こういう理由で苦しかったのだ」「私はこういった特徴のある人間だから不安を感じてしまうのだ」と少し納得するのです。

「発達障害」のような「障害名」を与えられることでほっとする人ともよく出会います。「長い間理由もわからず悩んできたけれど、こういう特徴がある人間だからなんだ」と思うことによってモヤモヤがとけると言っていた人もいました。

しかし、「でも、なんか違うな〜」と同時に感じてしまうとも言います。

苦しみや不安に名前がつけられ、理由をしめされほっとしたとしても、「でも、なんか違うな〜」と思ってしまう、診断名などの自分につけられた名前の特徴について調べると、けっこう違う部分が自分にはある、まさにその名前からズレている部分を強く感じてしまう人が少なくないのです。

そのズレをどう考えたらよいのでしょうか。

「ふつうの人」が歩むべきとされるコースからのズレ、あるべきとされた姿からのズレ、守るべきとされる「約束事」からのズレ、それらをどう考えたらよいのでしょうか。また、そのズレに対してつけられる名前からもズレてしまう、こういったことをどのように考えたらよいのでしょうか。

「不登校」の人たちと話していると、そのことを強く思わざるを得ません。

完全に外れてしまうのではないが、どうしてもズレてしまう、そのことを考えざるを得ないのです。

3．漏れるということ、逃げるということ――私が学校の教員を辞めた経験

『はじめに』でも書きましたが、私は勤めていた高校の教員を六年間で辞めた経験を持っています。何かある理念にもとづいて辞めたのではなく、次の勤務先への見通しを持って辞めたのでもありません。高校の教員をやり続けることの苦しさ・疑問があって、このままやり続けると苦痛感が増すだけだと思って辞めたのです。まさに「逃げ出す」という感じでした。ですから、辞めて三年後には、『逃げ出した教師の学校論　良心的教師・その権力性』（中島浩籌、［1986］）というタイトルの本も書きました。

でも、「逃げ出す」というよりも「はみ出している」「漏れ出てしまった」という表現の方が当時の感覚に近かったと思います。学校を辞めるという行為そのものは「逃げ出した」という感覚でしたが、辞めようと思う前の二～三年間の状態は漏れ出ているという感じでした。

自分がとった行為や生徒への対応が当時理想としていた「良心的教師像」からはみ出してしまっている、「こう生徒に対応すべき」と思っていたイメージから漏れ出てしまっているという感じが続いていたのです。それは自覚的なものではありません。

水道管から水が漏れるように、ガス管からガスが漏れるように、自分のイメージあるいは思い描

く教師像から自分の行為・状態が少しずつ漏れ出しているという感覚だったのです。野田彩花が言っていたように、完全に外れているわけではないが、ちょっとズレている、少し漏れ出ているという気持ちでした。

でも、漏れ出ていても苦しかったわけではありません。なんか違うなと思いながらも生徒との対応を楽しんでいたのです。しかし、それが積み重なってきて、これでは教師をやり続けることは苦しいなと思うようになり、辞めよう、逃げ出そうと思ったわけです。直前には脱力感も出てきて、これまでに出会ってきた「不登校」の生徒と同じような状態になり、思い切って辞めようと思ったのです。

ですから、私にとって、「逃げる」という行為を考えることは重要だったのですが、それよりも自分が描く「良心的教師像」から少しずつ「漏れ出ている」「水漏れしている」ということをどう考えていくかが大きな問題だったのです。

4．「逃げる」と「漏れ出す」は連続的なもの

第二章で、「逃げる」という行為は決して現実を回避しようとするものではなく、リアルな行為であり、新たな生き方・あり方を模索していく行為なのだと説明しました。

「逃げる」という自覚的・意識的な行為だけでなく、「漏れ出てしまう」「はみだしてしまう」「ズレてしまった」といったはっきりとした意図にもとづかない行為も同じことが言えると思います。

「ふつうの人」が歩むべきとされる進路、守るべきとされた「決まり事」、あるいは自分はこうありたいとしていたイメージから漏れ出てしまうこと、ズレてしまうことはリアルなことですし、新たなあり方を模索していくための契機となるものなのです。決してマイナスなことではありません。「逃げ」も「漏れ」も既成の枠組みからはみ出していくことですし、既成のあり方から逸脱していくことです。それは新たな生き方・あり方をつくり出していかざるを得ないリアルな状態なのです。

第二章で「逃げる」という行為は創造的な行為であるということを、フランスの思想家ジル・ドゥルーズの思想を引用しながら説明しましたが、ドゥルーズが書いた「逃げる」という言葉はフランス語ではフュイール fuir といいます。

そのフュイール fuir は「漏れる」という意味も持っています。「逃げる」とも「漏れる」とも訳しうるのです。「逃げ」「漏れ」はつながっているということです。

要するにドゥルーズは「逃げ」だけでなく「漏れ」も創造的な行為であると言っているということなのです。「逃げる」と「漏れ出す」は連続的なものだということです。

5．良心的教師像からの漏れ、逃げ

私は学校で多くの生徒たちと会ってきました。「不登校」と名づけられてしまった生徒たちとも出会ってきました。そういう人たちと会って話したりしているうちに、自分の中の何かが「良心的教師像」からはみ出し、漏れ出ていったように感じるようになったのです。また、その「良心的教師像」そのものをも問うようになっていったと思います。当時はそのことを強く意識していたわけではありませんが。

第二章で「教師や友人のまなざしから見えないような小さな存在になって、自分のあり方を考えていきたい」と書いて学校を休むようになった生徒について書きました（本書、p.66）。その彼が学校を休んでいる間、私は何も対応がとれませんでした。何もしない方が良いと思ったのではなく、何もできなかったという方が現実に近かったのです。

良心的教師像からすれば、そっと触れ合い、支えていくことが大事だったのでしょう。しかし、具体的にはどうすれば良いか分からなかったのです。彼は教師のまなざしから離れてゆっくり考えていこうとしていたのですから、触れ合い支援すること自体も彼をまなざしでとらえる行為になってしまうのです。

結果としては何もしないで良かったのですが、私のあり方は「良心的教師像」からはかなり漏れ出していたと感じざるを得なかったのです。

こういった経験はいくつもありました。その積み重ねの中で、水漏れはどんどん大きくなり、私の教師像を大きく揺るがしていくことになりました。そして教師であること自体が苦しくなってしまったのです。

そして思い切って「逃げ出す」ことにしました。

「逃げ出した」直後、職はなく、苦しくもあったのですが、一年後からはフリースクールなどに非常勤講師としてかかわることができるようになり、「良心的教師像」とは少し違った新しいあり方を模索していくことが可能になりました。

「逃げ出したこと」「漏れ出たこと」が良かったのかどうかははっきりとは判断できません。でも、漏れが積み重なり、大きな水漏れとなり、逃げていったという一連の変化は、私にとっては新しいあり方へと生成変化していくリアルな道筋だったのです。

けっしてマイナス、プラスといった具合に評価できるものではありません。ですから単純に社会的自立に向かっていけたのか、自身の社会性を育てる道筋だったのか、などと判断できることではないのです。

ともかく「漏れ」も「逃げ」もリアルな変化であり、次のあり方を新たに模索する契機だったのです。

第二節　逃げるべきかどうかよりも、リアルなズレ、漏れを考えるということ

1. 学校から逃げるべきなのか？

ここまで、「逃げ」「漏れ」「ズレ」を考えることの大事さについて述べてきました。でも、逃げるべきかどうか、漏れるべきか否かを議論したかったわけではありません。学校から逃げ出すべきで

あるとか、既成の枠からはずれるべきであるといったテーマについて論じたかったわけではないのです。

「〜すべきか否か」といった「選択」についても言及しようとは思っていません。

「登校拒否」経験を持つ常野雄次郎と貴戸理恵は『不登校、選んだわけじゃないんだぜ！』という本の中で、「学校に行かないことを選んだ」という言説をめぐって問題提起を行っています。「不登校」生の親御さんたちは、偏見に反撃する際によく以下のような内容の発言をしていました。

「不登校はわるくない。うちの子は、異常じゃない。おかしいのは学校の方だ。子どもは学校から落ちこぼれたんじゃなくて、不登校を選んでいるのだ―と」（常野雄次郎・貴戸理恵［2005］、p.103）。

こういった発言に対して、常野雄次郎と貴戸理恵は、確かに「不登校」はわるくないし、「病気」ととらえるのもおかしい、でも、「不登校を選んでいる」と言って反論するのはおかしいのではないかと言います。私たち自身も「不登校」を選んだわけではないのだから、と。

二人が書いているように、私が出会った人たちの多くも、はっきりとした意図や理念にそって

「不登校」を選択したわけではありません。学校に通うべきか否か、逃げるべきか否かを熟慮した上で選んだ行為ではないのです。

もちろん、「選んだ！」と言う人にも会いましたが、多くは結果として学校に通わなくなったという印象でした。私自身も、学校を辞めた時はそんなイメージに近かったのです。

しかし、「不登校」を意識的に選択しなかったからといってダメな行為とは言えません。「〜すべき」と思った上での行動でなかったとしても、マイナスと見ることではないのです。まさにそれは良し悪しで判断できないリアルな状況なのです。

ですから、学校に行くべきか否か、学校から逃げ出すべきか否かをここで議論しようとは思っていません。

私が問いたいのは、そういった状態を「不健康」と見たり「社会性が育ちにくい」と安易に捉えて対応していく姿勢なのです。そこには「不登校」そして「逃げる行為」「漏れる行為」を否定的にしか見ないまなざしが横たわっているのです。

2. 漏れ出す方向を探り、問いを立てていくこと

すでに何度も書いてきましたように、漏れ・ズレはリアルなことであり、新しいあり方を模索していく契機でもあります。

しかし、漏れ出す「方向」は人によって違います。どちらの方向に漏れていこうとしているのか

もはっきりとは見えません。ですから、行く先を見失って悩み苦しむこともあるのです。しかも、周囲のまなざしはズレ・漏れをマイナスとみて、元の状態に戻そうとしますので、本人もまた先が見えない状態を否定的に捉えざるを得なくなります。そのため、より苦しんでしまうことも多いのです。

ですから、「方向」を模索するためには、まずはマイナスと捉えないまなざしが必要です。そして漏れ出す方向をゆっくりと考えていく場や関係も必要となります。

方向性が見えないのですから、さまざまな問いをたてて行き先を考え、模索していかざるを得ません。その模索を安心して行っていけるような関係・場が求められているのです。

また、漏れ出していった元の枠組みとはなんだったのかもまたよく見えません。そこでいろいろな問いをたてて考えていくのです。

私の場合でいえば、「抱いていた良心的教師像っていったいなんだったのだろうか?」「学校ってなんなのだろうか?」「そもそも教師って?」等々、さらには「『自分』ってなんなのだろうか?」といった問題にもつきあたりました。

でも、解答はなかなか見つかりません。問いの正解がない場合も多いと思います。それでも考えざるを得ないのです。

また、論理的に思考するだけでなく、さまざまな形でこれからの方向を探っていく人もいます。絵を描きはじめたり、陶器のようなものを作りはじめたり、音楽を奏でたりする人もいます。家で絵を描いている時に、なんかこれからの方向を掴んだように思うと言って、外にでて行動を起こした人もいました。こういった人は少なくないのです。

その行為は単独で行うというよりも、関係の中で行うことが多いのです。

前述しましたように、一人でピアノを弾いていた時に誰かが来て合奏してくれた、そのことが自身に大きなインパクトを与えてくれた、と言っていた人もいました。また、ある人の行為・仕草を見ていて、「あ、そうだ」と何かを見つけることもあります。

他人からは評価されたことがなかったことをある場所で言ったら、「面白いね」と反応してくれた人がいた、「人前では決して自分の気持ちを言ってはいけないと思っていたけれど、自分がしたいことを言ってもいいんだ、とその時思いました」と語ってくれた人もいました。

ですから、さまざまな関係の中で行われる行為は大きな意味を持つのです。意見や考え方だけでなく、他の人がするちょっとしたこと、関係の中でおこることが、些細なことであっても影響を与え、生成変化への大きな要因となることも少なくないのです。

また、「方向」だけでなく問われている「枠組み」もそれぞれ違います。既成の枠組みそのものが根底から問われることもあります。学校や社会といった既成の枠組みだけでなく、「男」「女」という枠組みが問われることもあります。

自分は「男」なのか「女」なのか、それが流動的に変容していってはっきりつかめないという人もいます。そこで問われているのは男・女という枠組みなのです。私たちが無意識的に前提としている根底的な枠組みそのものがそこでは問われていくのです。

3．メンタルヘルスが導こうとする方向

にもかかわらず、メンタルヘルスという捉え方の下で行われている支援を見ると、問われている枠組みをともに考えて直していこうとする姿勢は見られません。ある枠組みを前提とした上で、一定の方向に導いていこうとしていくことが多いのです。

第二章で検討しましたように、今の「健康」観は、健康vs病気といった単純な二項対立的なものではありません。「健康」はすべての人々を導こうとする方向性なのです。それだけに、どのような方向性を向いているのかが問われるのですが、方向性を互いに考え合うといった姿勢はあまり見られません。

生徒が真剣に問えば問うほど、その問いに向き合うよりも、リスクにそなえるといった形の支援になってしまうことが多いのです。

「不登校」では「社会的健康」へのリスクが注視されています。社会性の育成という方向へと導いていくことが大切であるとされているのです。

第二章でも書きましたように、その社会的健康とは『健康日本21』では「他人や社会と建設的でよい関係を築けること」ですし、WHOでは「生産的に実り豊かに働くことができ、かつ地域に貢献できるような満たされた状態」を指しています。

そこでは「建設的な関係」とはなんであり、「地域に貢献する」こと、「生産的に働く」とは何なのかはきちんとは定義されていません。にもかかわらず、そこに導こうとしているわけです。

第三節　漏れること、ズレることの原因探し

1．方向だけでなく原因も分かりにくい

これまで漏れが向かう「方向性」や元の「枠組み」はわかりにくいと書いてきました。それだけでなく、漏れの「原因」、漏れ出す契機となっている「事柄」も分からないことが多いのです。

小学校五年の後半から学校に行かなくなった経験を持ち、「登校拒否を考える会」で活動していた篠原史は、「よくいろんな人から『どうして学校に行かなくなったのか』という質問を受けます」（篠原史［1986］、p.85）と言います。それに対して、いじめや教師の問題があげられることもあるのですが、それは一つのきっかけにすぎないことが多いと述べています。そして、理由をはっきりと示せない苦しみがあるのだと言います。

篠原史は次のように書きます。

「登校拒否をして間もない子どもは、どうして学校に行きたくない気持ちになるか、行けない気持ちになるか、自分でつかめないわけです。当然本人は不安なわけです。特に子どもであ

れば。自分の状況に対する説明が全くできない。自分に対して言い聞かせることができない。そこで周りからいろんなものを取って、自分の方にもってきて、なんとか理由をつけようとするのは当然だと思います。小さなことまで思い出して、あそこでいじめられた、あの先生がいやだから、あるいはさらに言えば、身体的な病気になって、という方法ですね。そうすれば、身体がわるいから行けないんだということが親にも納得させられるし、何よりも自分で納得できる」(同上、p.86)。

私が出会う「不登校」経験者の多くも同じようなことを話してくれます。「なんで学校に行かないの？」と問われても、「はっきりとは分からない、それが辛いのです」と。

親御さんや周りの人たちは、「なんで行けなくなったの？」と真剣に聞いてきます。「う～ん、分からないけど、こういうことだと思う」といった形で答えると、「あ～、そう」とは言ってくれるのですが、「なんか納得してくれていない感じだ」と言います。おそらく、周りの人は、学校に行けなくなるくらいなのだから、相当辛いことがあるのだろう、なんか別の理由があるに違いないと思うのです。

周りの人が納得してくれないし、自分自身でも納得できるものがほしいということで、周囲の人が分かってくれそうな理由を見つけ、それを誇大に表現して言ってしまうのだ、と。

もちろん、はっきりとした理由があって学校に行かなくなる人も少なくないのですが、わからない人が多いのです。

私自身も、はっきりとした出来事があったわけではないし、明確な辞める理由があったわけでもありません。ですから、辞めた直後は、「なんで辞めざるを得なかったのだろう」という疑問に苦しめられました。明確な理由が見つからないと、「自分ははっきりした理由もなしに辞めてしまうダメな人間なのではないか」という変な疑念が湧いてきて、苦しんでしまった記憶があります。

そこである出来事や自分なりの理屈を誇大に表現して友人などに話していたことを思い出します。もちろんそれは嘘ではないのですが、自分を納得させるために過大に理論化していたような気がします。

2. 学校に通っている人も通っていない人も分からない

私は大学の教職課程で教育心理学と教育相談を教えていました。その時間内で毎年、「不登校」経験者を何人か招いて話してもらい、学生との討論会を開いていました。

テーマは毎年違うのですが、討論会の中でよく話題になったのは「なぜ学校を休んだのか」ということです。学生は「不登校」経験者に「なぜ学校が嫌になったのですか?」と聞きます。それに対し、何人かの「不登校」経験者は「よく分からないのです」と答えた後、「あなた方はなんで学校に通っていたのですか?」と逆に聞いていました。

学生は「勉強のため」「友人と遊ぶのが楽しかったから」「進学のため」などと答えるのですが、結構多くの人は「学校に行くのが嫌なこともありましたが、なんでか分からないけれど、自然に鞄を用意し、出かけて通っていました」と応じます。理由はよく分からないけれども、習慣のように学校に通うことがあったと答えた人も少なくなかったのです。

要するに、学校に通う側も休む側も理由が分からないまま行動する、そういったことも多々あるということです。

もちろん学校に関することに限らず、さまざまなことに関しても、はっきりとした理由なしに行動していることは多いのです。

しかし、理由が苦痛につながるほど問題になるのは「不登校」のような場合だけです。学校に通っている場合、理由は問題になりません。でも、通っていないと理由が問題となってきます。学校を長期にわたって休むことが「問題」と見られているからです。そして、本人もまたそのことを気にせざるを得ないからなのです。

周りの人たちが「なんで？」と問うのは、よほどのことがない限り学校は休むところではないと考えているからです。相当な心理的負荷を負わせられる出来事があったのか、通うことができないような心理的身体的状態にあるからではないか、という思い込みがあるからなのです。本人もまたこの見方から逃れることは困難です。はっきりとした理由がなければ怠けだと見られることを恐れてしまうのです。

ですから、理由が分からないことに苦しまざるを得ないということは、「不登校」を「問題」と見てしまう偏見が横たわっているということでもあるのです。

3．本章のまとめ

この章では、ズレや漏れといったことをテーマとしてきました。「逃げ」と同様に、「漏れ」もリアルな行為であり、マイナス的にとらえるものではないということを議論してきました。それは新しいあり方へと変化していくための契機でもある、と。

しかし、ズレ・漏れははっきりと捉えにくい行為・状態です。「原因」も「方向性」も、問われている「枠組み」もはっきりと捉えられないことが多いのです。それでも向かっていく先、自分がはまっていた枠組みを問うていくことは非常に大事なことです。

特に、漏れ出す行為が学校・教育制度、社会のあり方、私たちのあり方とも深くかかわっていることが多く、それだけにこの社会に生きる多くの人たちと通底している事柄が多いのです。ですから、その問いや向かおうとしている方向性をともに考えていくことは非常に重要なことです。

にもかかわらず、現在の支援策は、そこにリスクを見て、予防的に動いてきます。また「不登校」を放置すれば社会性は育たないと見てくるのです。

そこには最も基本的なこと、すなわち既成の枠組みや方向性への問いを受け止め、共に考え、模索していこうとする姿勢が見られないのです。

第三章の後半では、漏れ出す「原因」への問いについて考えました。それははっきりとつかめないことが多いのです。

どれが決定的な出来事なのかはつかめません。しかし、そこをどう考えるかも大きな意味を持ちます。

私自身、高校教員を辞めるにいたった決定的な出来事ははっきりしません。しかし、何人もの生徒との出会い、出来事との遭遇が大きな意味を持ったことは確かです。

では、その「出来事」についてどう考えていけばよいのでしょうか。はっきりとは捉えられない「出来事」がズレや漏れとどうかかわってくるのでしょうか。その点について次章では考えていこうと思います。

参考文献

常野雄次郎・貴戸理恵　二〇〇五『不登校、選んだわけじゃないんだぜ！』理論社。
中島浩籌　一九八六『逃げ出した教師の学校論　良心的教師・その権力性』労働経済社。
野田彩花、山下耕平　二〇一七『名前のない生きづらさ』子どもの風出版会。
篠原史　一九八六「〈第二一回総会記録〉分科会Ⅱ『公教育を見限る？』」『臨床心理学研究』Vol.24 No.1　日本臨床心理学会。

第四章　学校などで出会う出来事をどう考えれば良いのか？

1．前章の議論

第三章では「漏れる」「ズレる」といったことをどう考えたら良いのかについて書いてきました。そして、その漏れ、ズレが向かっている「方向」はどこなのか、どんな「枠組み」から漏れ出しているのか、そして漏れの「原因」はなんなのか、そういったことの分からなさについても論じてきました。

では、その漏れやズレが起きてくるきっかけ、契機とはどのようなものなのでしょうか。「不登校」についてよく言及されるのは、「いじめ」があったのか、教師の行動はどうだったのかといった出来事との関係です。そういった出来事が大きな契機となって「不登校」になってしまったのではないか、と。

第四章ではその「出来事」をどう考えるかについて論じていこうと思います。

第一節　ストレスへの注目の高まり

1．トラウマという言葉の浸透と「不登校」

一九九〇年代頃からトラウマという言葉が私たちの日常生活の中に浸透してきました。もちろんこの言葉は以前から専門用語として存在していたのですが、私たちの通常の会話の中でもこの言葉は使われるようになってきたのです。「いや〜、あのことは私にとってトラウマみたいになっちゃってるんだよ」などといった具合に、普通につかわれる用語になってきたのです。

心理学者の小西聖子は、阪神・淡路大震災以降、何か大きな事件があると「ＰＴＳＤ」という言葉が新聞紙面に登場するようになり、「それがどんな症状を持つどんな障害なのか正確にわかっている人は少なくて、名前だけが一人歩きしているところもある」（ジュディス・Ｌ・ハーマン［1996］、小西聖子「解説」p.189）と書いています。

「ＰＴＳＤ」という用語も専門家以外に知られるようになったということです。

そしてストレスという言葉も広く使用されるようになり、何か事件・出来事が学校などでおこると、生徒に大きなストレスを与えてしまうのではないかと危惧され、その対策としてカウンセラーが急遽派遣されるということが多くなったのです。

要するに出来事をトラウマ・心的外傷をひき起こすものとみて、心理的な不快ストレスとの関係で捉えようとするまなざしが深く浸透してきたということです。そしてそのまなざしとともに安全・安心というメッセージも重視されてきました。

「不登校」に対しても、ストレスが注目されるようになります。

七〇年代、八〇年代には親の育て方が主に問題にされていたのですが、いじめや教員の虐待も問題にされてくるようになり、それによって生じた心理的不快ストレスと関係づけて「不登校」が論じられるようになったのです。

2. 「不登校」をストレスとの関係で捉えることの二面性

「不登校」を心的な不快をもたらすストレスとの関係で捉えようとする周囲のまなざしをどう考えたら良いのでしょうか。

もちろん、プラス的な側面があります。

この論点の浸透の過程で「いじめ」や教師の虐待、校則、学校教育のあり方の問題性が大きくクローズアップされてきたのです。

学校制度の問題性はそれまでも議論されてきましたが、生徒のストレスとの関係で論じられることによって、生徒に大きな負担を生じさせてしまう事柄として扱われるようになり、どうしても避けなければならない問題であると指摘されるようになったのです。これは教育制度を考える上でとても大きなことでした。

しかし、それと同時に、「不登校」をストレスとの関係で論じることは気がかりな点ももたらしました。「不登校」は心理的な負担によって生じるものといった心理主義的な見方がより強まってしまったとも言えるのです。

この重要な面と気がかりな側面をどう考えたらいいのでしょうか。そのことを第四章では考えていきます。

3．「不登校」をストレスとの関係で捉えることとの積極性

まずはプラス的側面について考えます。

私は、八〇年代の前半に出会った「不登校」経験を持つある生徒が、校則のひどさを厳しく問題にしていたことを印象深く記憶しています。

入学した高校の校則では、髪の毛を染めることは一切禁じられていました。

その生徒はもともと黒ではない頭髪の人でしたが、勿論、髪を染めることなどせず登校しました。しかし、担任の教員から黒色に染めるように厳しく指導されてしまいます。

「私はもともとこういう色の髪です、染めることなどしていません」と説明したのですが、「ルー

ルなので黒色に染めて」と言われ、止むを得ず染めたそうです。でも染めた色が不十分な黒だったそうで、再度染め直すように言われてしまいます。そのこともあって登校が嫌になってしまったそうです。

入学を希望していた高校だったのですが、学校の在り方に強い疑問を抱くようになり、長期間欠席した後、ついに退学してしまったのです。

当時も不当な校則が問題となってはいましたが、大きく扱われることはありませんでした。しかし「不登校」が心理的ストレスとの関係で論じられるようになったこともあって、学校の校則や教員の態度がどれだけ大きな苦痛をもたらすのかが議論されるようになり、社会的な問題としてもクローズアップされるようになってきました。

学校の在り方、校則のあり方は生徒に強いストレスを生じさせ、場合によっては「不登校」状態に至ってしまう事柄なのだということが強く指摘されるようになったことで、校則の内容が問題化されてきたのです。

そして校則にかかわる訴訟も起こされ(7)（『朝日新聞』二〇二一年二月一六日記事）、不当な校則と「不登校」の関係も論じられるようになったのです。今では校則を見直そうとする動向も広まってきました。

校則だけでなく、教員のパワハラや虐待、いじめなども、ストレスとの関係で強く問題化されるようになります。

この頃、「男らしさ」「女らしさ」を要求するような制服、校則に苦しんでいた生徒にも私はよく出会いました。

こういったことも問題化されるようになり、校則そのものの見直しも行われるようになってきたのです。

校則や教員の態度などの問題化や見直しはストレス的な視点がもたらした重要な結果だとも言えるでしょう。

もともとPTSDという用語は、アメリカ合衆国などで、ベトナム戦争や女性へのレイプ、虐待などを問題化していく動向と深く結びついたものでした（ハーマン［1996］）。女性を蔑視した出来事がどれだけ大きな影響・ストレスを与えるかを告発していく運動と重なった用語でもあったのです。

4．「不登校」をストレスとの関係で論じることとの問題点

しかし、「不登校」をストレスとの関係で論じることは気がかりな側面も生じさせました。「不登校」は強いストレスによって学校生活への心理的な負担が深まった結果であるという見方が広まったのです。

教育機会確保法（二〇一六年）の定義に見られるように、「不登校児童生徒」は「学校における集

団の生活に関する心理的な負担その他の事由のために就学が困難」（第二条第三項）になった生徒という見方が強まっていく一因にもなったのです。「心理的な負担」という捉え方が強調される結果を招いてしまったとも言えるのです。

結果的に、「不登校」はメンタルの問題なのだという心理主義的な見方が強まっていきます。しかし、これまで書いてきたように、「不登校」を心理的な問題に還元してしまうことはできませんし、トラウマ的な出来事との関係だけで考えてしまうこともできないのです。

私は、九〇年代ころ、「不登校」経験者とストレスとの関係で捉えることとの是非について何回も議論しました。

「教員や校則のひどさが伝わってよかった」という意見も聞きましたが、一番多く聞いたのは、「学校に通えなくなったのだから、何か相当つらいことがあったのではない？」と見てくる周囲のまなざしが強まったのではないかという危惧でした。

第三章でも書きましたが、「不登校」になった原因は本人にもわからないことが多いのです。にもかかわらず、親や周囲の人たちは原因を問うてきます。

「なんで学校に行かなくなったの？」と聞かれて、困ってしまった」と生徒たちは語っていました。印象に残った出来事や出会いについて話しても、ちょっとしたことでは納得してもらえず、「強いストレスを生じさせるような出来事に言及しないと納得してくれない」と言っていました。

学校に行けなくなるのだから、大変な出来事に出会ったに違いないと周囲の人が思う傾向が強まったと言えるのでしょう。

しかし、苦痛な出来事と遭遇したから「不登校」状態に陥ったのだなどと決めつけることはできません。

もちろん、厳しいいじめや、教師のパワハラによって学校に行けなくなってしまった人もいます。しかし、そういったことだけに「不登校」の原因を還元することなどできはしないのです。

「不登校」にとって出来事や出会いが大きな意味を持つことは確かです。またその出来事が大きな問題を提起したり、ある事柄を問題化する動向につながり、そして学校に行かなくなっていくことにつながっていることも確かです。

では、その出会い・出来事をどのように捉えればよいのでしょうか。

「不登校」をストレスとの関係で考える際の積極面を大事にしながらも、ストレスの問題だけに還元することなく、出来事・出会いを考えるにはどのようにすれば良いのでしょうか。

また、出来事が持つ「分からなさ」についてはどう捉えるべきなのでしょうか。

この章では、「出来事」をどう考えたら良いのかについて、そしてそのことと「不登校」についてどうつなげていけば良いのか考えていきます。

第二節　出来事をどう考えればいいのか？

1．出来事の分からなさ

「不登校」経験者にとって「出来事」は大きな意味を持っています。親御さんの死や友人の死、ある人との出会いや事故、そういったことが契機となって「不登校」になったと話す人は少なくありません。私自身にとっても、いくつかの出来事が学校を辞めることにつながったことは確かです。

出来事の果たす意味は大きいのです。しかし、どんな意味を持ったのかということを考えると、はっきりしません。分からないことが多いのです。

「父親の死が大きかった」「ある人との出会い・別れが大きかった」と言う人も、「どのように大きかったの？」と問われると分からないのです。

またその出来事が苦痛を招くものだったのか、楽しいものだったのかさえも分からないことがあります。

「ある友人との付き合いが私に大きな影響を与えた」と語る人がいました。では、「その付き合いは楽しかったの？苦しかったの？」と聞くと、「う〜ん、分からない」と答えていました。

前章（第三章）で私の学校での生徒との出会いについて書きましたが、その出会いは苦しいものだったのか、楽しいものだったのかを問われるとはっきりしないのです。

私が学校を辞めた後で、教えていた生徒に「先生、学校はそんなに辛かったの？　楽しそうに見えたのだけど」と問われることがよくあります。そんな時は、「いや、楽しかったよ」と答えています。実際、本当に楽しかったのです。でも、その楽しい生徒との出会いが「教師であることへの疑問」につながっていったことも確かです。

もっと言えば、何人かの生徒との出会い、出来事は苦／楽という形で単純に捉えきれない意味・感覚を生じさせたのだと言えます。

「不登校」経験者の中でも、学校が楽しかったか苦しかったのかを簡単には言えないと語る人は少なくないのです。

学校で出会う出来事は、単純に苦／楽の二項対立で捉えきれないものが少なくないのです。ましてや、その意味は簡単には捉えられません。

2．出来事とはどのようなことか？

出来事をどう考えたらいいのでしょうか。

辞書で『出来事』を引くと「社会や身の回りに起こる事柄」（大辞泉）と書かれています。では、出来事の「こと」、事柄の「こと」とはなんなのでしょうか。大辞泉によれば、「『もの』が一般に具象性を持つのに対して、思考・意識の対象となるものや、現象・行為・性質など抽象的なものをさす語」とあります。「物事」の「もの」が具体的な事象的な物を指すのに対し、「こと」は抽象的なものを指すのです。

私たちは、自身のあり方を変えていくような出来事に遭遇しながら生きています。出会った「こと」はまさに大きな意味を持つのですが、それはなんなのかは抽象的で捉えきれないということです。

私自身、自分のありようを大きく変化させた出来事にいくつも遭遇してきました。ある人との出会い、大学闘争、フランスでの出来事、学校やフリースペース、塾での生徒との出会いなどなど、無数にあります。それらが私の生き方・あり様を大きく変化させたことは確実です。しかし、その意味・方向性を考えると抽象的ではっきりとは捉えきれないのです。

七〇年代はじめには学生の間でそのことが議論されていました。日本でもフランスでもそうです。一九六八年、六九年に大きなピークをむかえた学園闘争、安保闘争、また六八年五月にフランスで起こった「五月革命」、その出来事をどう捉えたらよいのかは日本でもフランスでも大きな議論となっていたのです。

それらの出来事を時系列的におさえることはできます。何年何月に大きなデモが起き、そこに機動隊が介入し、それを契機にどこどこの大学はストライキに突入した、などと説明することはできます。また要因としてベトナム戦争がどのような形で進行し、そこに日本やフランスがどうかかわり、そのことが学生などの反乱へとつながったなどと歴史的、時系列的に説明することはできるのです。

しかし、その運動にかかわった人々、あるいはその出来事に巻き込まれた人々にとって、そのことはなんだったのかと問われるとはっきりとは表現できないのです。その一連の出来事によって、生き方が大きく変化してしまったという人は少なくありません。私自身もそうです。でも、それがどのように影響を与え、どのような意味を持ったのかというとはっきりとは捉えきれないのです。

3．出来事と「外」の力――M・フーコー、G・ドゥルーズの捉え方

この「分からなさ」、人を惹きつけるが捉え難い力、それを、パリ大学ヴァンセンヌ校の初代哲学科長だったミシェル・フーコーやジル・ドゥルーズは「外」という言葉で表現していました（M. Foucault［1966］, G. Deleuze［1986］）。

この「外 dehors」という言葉はどこかの場所の外という意味ではありません。学校の外、家の外、あるいは心の外といった意味ではないのです。そういった内／外といった対立的な言葉では捉えきれないもの、言葉の内容からはみだし、漏れ出したもの、外れたものを意味しているのです。「外」は、既成の言説によって表象されたものの外にあるという意味なのです(8)。

フランスの「五月革命」という出来事は、参加した学生にとっては、今までの経験を大きく超え

たものであり、自身のあり方を大きく揺さぶるものであったのです。でも、それが何なのかは捉えきれません。まさに、それは既成の経験・観念を超えでた「外」の力を持った出来事だったのです。「外」といった表現は、私のように日本で学園闘争を経験した者にも説得力を持った用語でした。私は、当時の仲間たち数人と今でもなお、あの当時提起された問題をどう捉えたら良いのかについて時折集まって議論しています。そのくらい出来事の意味は既成の言説では捉えきれない「外」の力を持ったものだったのです。

しかも、その捉えがたい力は、人を惹きつけ、そのことを考えざるを得なくさせるのです。

でもこういったことは大きな出来事だけにともなうものとは限りません。私たちが学校の中で出会う出来事も「外」の力を持っています。

何人かの生徒は友人の死を契機にいろいろ考えはじめたと語ってくれました。

そのことから生きるということ、死ぬということについて考えはじめた、と。

ある生徒が言っていたのは、「友人の死にあってから、今まで分かっていたつもりでいた『生きるということ』が分からなくなった」ということでした。まさに、友人の死という出来事によって既成観念を揺り動かされ、生・死という当たり前のように思えていたこと自体も問い直さざるを得なくなったということです。つまりその出来事は今まで抱いていた観念からはみ出させ、漏れ出させ、これまでの言葉では表現しきれない意味・感覚を生じさせる力を持っているということです。

友人の死といったある意味ではっきりとした出来事だけではなく、非常に些細な出来事と思われる出来事もいくつかつらなることによって既成観念を揺さぶることがあります。誰が言ったか分からないけれど印象に残っている言葉、道端に咲いていた一輪の花との出会い、そういったごく小さなことも私たちを今までと違ったことへ向かわせる力を持つことがあるのです。

4．出来事の問題提起性

はっきりとは捉え難いけれども大きなインパクトを持つ、それが出来事の力です。それだけに「これは何だったのだろう」と考えざるを得ません。何の問題が提起されたのだろうか、と。

「いったい何が起こっているのだろうか？」「どう考えたらいいのだろうか？」「どうしたらいいのだろうか？」などなど、出来事に遭遇した私たちはさまざまな問いを立てていかざるを得ません。出来事はそれだけ問題を提起する力を持っているのです。強い問題提起力を保持しているということなのです（ラッツァラート［2008］）。

出来事は、予測した通りに起こってくるものではありません。何かの方程式の解のように計算通りに起こってくるものではないのです。それだけに分からない部分を持つとともに、今まで気がつかなかった新しい可能性を生じさせていくことでもあります。

ですから、生じた問題への解決策もそう簡単に見つからないことが多いのです。解答がなかなか見つからないだけでなく、どんな問題が提起されたかすら分からない場合もあります。

そして、出来事は私たちを既成の枠組みの外へと漏れ出させ、まさに「外」へと向かわせる力を持っているということは、私たちの生き方・あり様を強く揺さぶってくるということです。

それだけに、出来事がどんな問題を提起しているのかを考え模索していくことはとても重要なことなのです。

第三節　出来事とストレスの関係

1．問題中心の対処と情動中心の対処

出来事は私たちのあり様を根底から揺さぶることもあるのですから、当然ストレスとのかかわりも大きくなります。ですから、出来事を考える際、ストレスへの対応は重要な問題となってきます。

ストレス理論のパイオニアとされるリチャード・S・ラザルスとスーザン・フォルクマンは、ストレスへの対処は、大きく分けて二つあると言います（ラザルス＋フォルクマン［1991］）。

問題中心の対処と情動中心の対処です。

問題中心の対処とは、「苦痛をもたらす厄介な問題を巧みに処理し変化させていくこと」です（同上、p.155）。

私たちは、ストレスフルな出来事・状況によって生じた問題に直面した時、この問題はどのようなものかを確かめ、いくつかの解決策を模索し、現実に解決していきます。そういった対処が問題中心の対処です。

それは主に苦痛をもたらす環境を変えていくことに向けられます。苦境に陥った時、その苦痛をもたらす環境・状況の問題点を見つけ出し、そこを変えていこうと努力していきます。

それだけでなく、問題を巧みに処理していくためのよりどころとなる何かを考え、見つけだそうとしていくのですから、自分の内部に向けられることもあります。そのことも問題中心の対処となります（同上、p.159）。

情動中心の対処とは、「厄介な問題に対する情動反応を調節していくこと」（同上、p.155）です。ストレスフルな出来事、状況の変化などによって引き起こされた苦痛を低減する対処法です。

私たちは激しい苦痛や恐怖を感じさせることに出会った時、混乱し、怒ったり、問題を回避しようとしたりします。場合によってはストレスフルな状況に陥ったのは自分のせいだと思い、自身を責め、感情や気持ちを乱していくこともあります。

そんな時、まずなんとか気持ちを落ち着かせようと努力していきます。状況・環境を変えようとするのではなく、状況の解釈を変えたり、深呼吸をして気をしずめたりして対応しようとします。環境を客観的に変化させようとするのではなく、自身の感情・気持ちのコントロールへと向けられる対処法、それが情動中心の対処です。

私たちはストレスフルな出来事に遭遇した時、その二つを組み合わせながら「こと」に対応するのです。どちらかのみの対処をするのではなく、両方を使い分けていきます。

まずは情動中心の対処をし、落ち着いてきて周囲の問題が見えるようになったところで問題中心の対処を行っていく等々、この二つの対処法をさまざまに組み合わせて対応しているのです。どちらかで対応するというより、対処のプロセスの中で両者を使い分けていくということです。

2. 二つの対処法の組み合わせ

この二つの対処の組み合わせは、うまくいけば効果を上げていきます。

例えば、何かの大事な発表を行わざるを得なくなった時、緊張してどんな内容にすれば良いか思いつかなくなることもあります。そんな場合、何回か深呼吸して気を落ちつかせ（情動中心）、少し落ち着いたところで発表内容をゆっくり検討していく（問題中心）など、この二つを巧みに使い分けて、効果を上げることがあります。

しかし、逆にまずい結果をまねくこともあります。

問題をなるべく早く解決しようとあせり、早まった決断をして失敗することもあります。これは問題中心の対処に早急にとりかかりすぎた結果です。

困難な課題に遭遇した際、そのことについての情報を集め対処しようとします（問題中心の対処）。しかし逆にその情報が不安をつのらせ、問題を考えるのを避けていこうとする態度を生み、精神的な苦痛がますます増していくという悪循環に陥ることもあるのです。

もちろん情動中心の対処を重視しすぎて失敗することもあります。気を落ちつかせるために時間をかけすぎ、問題中心の取り組みへの努力を怠ってしまい、解決できなくなってしまうこともあります。

また、強い不安をやわらげるために、「起こっている問題はたいしたことはない」と自分に言い聞かせ、楽観的な見通しを維持して落ちつかせようとするあまり、状況認識を甘くしてしまうこともあります。それどころか、不安感を緩和させるために、「この問題は対処するほどのことではない」と安易に判断してしまい、問題の解決をより困難にしてしまうこともあります。

3.「不登校」問題への対応――情動調整的な対処が中心となる傾向

では、「不登校」問題に対してはどんな対処が勧められているのでしょうか。

「不登校」への周囲の対応は、感情や気持ちを調整しコントロールする方向へと導いていく傾向が強くあります。問題中心よりは情動中心の対応を優先する傾向が強いのです。ともかく不安感や恐怖感を取り除き、学校を長期にわたって休むことにならないように早めの対応を行う、そういった傾向が周囲の人々の対応にはあるのです。

何回か言及しましたように、友人の死などを契機に「生きるとは何だろうか」と真剣に考え、

「先生はどう考えるの？」と問うてくる生徒に対してさえも、教員たちはその問いを共に考えていくのではなく、気をおちつかせるようにするにはどうしたら良いかを考えていく傾向があります。そしてカウンセラーなどを紹介していく。こういったことは「不登校」経験者からよく聞く話です。

これらの対応はまさに気持ちや感情をコントロールすることを優先にしていく姿勢の現れだと思います。

もちろん、苦痛を感じている生徒に対して、その苦痛をどう受け止め、緩和していくかを考えることも大事でしょう。場合によっては、ちょっとしたことでも自分を責めていく人もいます。そういった感情・気持ちを受け止め、落ちつかせ、一緒に考えていくことは大切なことです。

しかし、生徒が問うている問題を受け止め、問題を共に考えていくことも非常に重要なことです。ですが現実には、このことよりも情動中心の対応が優先される傾向が強いのです。感情や気持ちをコントロールするスキルを伝えていく、自己をコントロールする力を身につけさせていく、そのことに重点をおく傾向が強く見られるのです。

第一章で書きましたが、八〇年代に検討された東京都の「非行対策」では、三つの対策があげられていました。一つは、力によって「荒れる生徒」を抑え込むこと、二つ目は、自己規制力を身につけさせること、三つ目は、そこで問われている学校や教育制度の問題を改善していくことです。

東京都教育委員会は、三つとも大事だが、早急にしなければならない重点課題として二つ目を重視したのです。つまり、困難な問題に遭遇したとしても気持ちを乱して「非行」へと向かっていくことがないように、自分の感情・気持ちをコントロールする力、自己規制力を身につけさせること、その方策を重視したのです。そしてその力を育成するためにカウンセラーの学校への導入へと道を開いていったのです。そして「不登校」に対してもセルフ・コントロールという視点が重視されていくことになったのです。

このような自己コントロール重視という対策のもとでは、どうしても情動中心の対処が優先されていきます。

教育が抱えている問題を生徒たちとともに考え、環境を変えていくということよりも、セルフコントロール力への育成へと比重を移していった八〇年代以降の流れの中では、情動中心の対処が前面に出てきてしまうのです。

この傾向は今でも非常に強いと言えます。

4．解決志向の強い問題対処

しかし、セルフコントロール力の育成という対策の中でも問題中心の対処は重視されています。生徒が生活上の問題を自ら解決していく力を養っていくことは自律性を高めていくことにつながるとされているのです。

ことに、臨床心理や精神医学の世界で比重が高まってきている認知行動療法では、問題解決へのスキルを身につけることが重視されています。

精神科医で認知行動療法の第一人者とされている大野裕の『こころのスキルアップ・トレーニング』(https://www.cbtjp.net) というサイトには「問題解決」というコーナーがあります。そこでは以下のように書かれています。

「ここで練習する「問題解決スキル」というのは、問題に気づいたとき、上手にその問題を解決する方法です。困った問題に直面したときや無理なことを要求されたときなどに使えます。これもまた、私たちが日常使っている方法をまとめたものです。

私たちは、問題に直面したときには、まず問題を整理して、ひとつずつ解決していくようにするはずです。そのときのポイントは、問題をできるだけ細かく具体的にすることと、良いか悪いかは後まわしにして(判断遅延の法則)、できるだけ多くの解決策を考えること(数の法則)です。その中から良い解決策を見つけ出して、計画を立てて問題解決に取り組んでいきます。そのコツがわかれば、これからも問題に上手に対処できるようになります」(https://www.cbtjp.net 二〇二〇年二月時点)。

このように問題への対処が語られています。しかし、ここで重視されているのは解決志向が強い問題対処法です。そのためのスキルが語られているのです。

問題に直面した時、私たちはどんな問題に直面しているのかと考えてしまいますが、それよりも具体的な解決策へと視点を移していくことが重要だ、と述べられているのです。この問題はどんな意味を持つのかと考えるよりは、ともかく具体的な場面を想定して、それに対する解決策をいくつか考え出し、効果のありそうな解決策を見つけ出すこと、そして、そのコツ・スキルを身につけることが大事なことです、と書かれているのです。

私たちはどうしても問題の原因を探そうとしてしまいます。しかし解決志向的な対応では、「なぜ問題が生じたのか」と原因をさぐるよりも、具体的な解決策を模索した方が良い、解決へのスキルを身につけた方が今後のためでもある、とされています。

「なぜこんなことになったのか？」と考えてしまいますが、多くの場合、原因は複雑で、どれが主要な原因かを特定することは難しいのです。そこにとらわれているとますます苦しくなるばかりです。

問題自体はっきりしないことがあります。「学校に通わない」という「問題」も、それは本当に問題なことなのかですらはっきりしません。

しかし、従来の心理療法、精神分析などでは、「学校に行きたいが行けない」といった「問題」はどこから生じたのかと過去に遡り、生育歴を探ったりしていきます。「幼少期にこんなことがあって、それがこんなふうに発展して現在の問題につながっていったのですね」などと、問題や原因についての話し合いを中心に面接が進んでいきます（森俊夫・黒沢幸子［2002］、坂野雄二監修［2005］）。

しかし、解決志向的対応では、はっきりしない問題や過去の原因にとらわれるよりも、未来に向かい、直面している問題をより具体的に捉え返し、現実的で短期的な問題にきざみ、具体的に解決していくための策を見つけ出そうとします。原因や過去よりも目の前にあることを解決するスキルを身につけること、それが大事なのだ、と。

このように、問題中心の対処でも、解決志向的な対処法が重視されているのです。

第四節　出来事の影響をコントロールしようとする動向

1．女性・男性の区分を問う「問題」をどう考えるのか

確かに、「問題」の原因にこだわり、身動きがとれなくなってしまうよりは、前を向いて解決策を練っていく方が良いという視点もわかります。

「学校に通わない」状態になると、親や周囲の人々は、その原因を過去に遡って考え、場合によっては「育て方が間違っていたのだろうか」という気持ちに陥ることもあります。はっきりしない過去のことを考えすぎるよりは前を向いた方が良いという指摘もわかります。これまで言及してきたように、「不登校」の原因ははっきりしないことが多いのですから。

しかし、出来事・状況が提起した「問題」は、解決スキルを身につけることで対応できるのでし

ょうか。また、そもそも、出来事をストレスという視点だけで考えてしまって良いのでしょうか。

私は性自認（ジェンダー・アイデンティティ）や性的指向の問題を考えている生徒に学校の内外で出会ってきました。

「性自認とは、その人が自分自身の性別をどう思っているかに関する、ある程度持続的な自己意識（アイデンティティ）のことです」（石田仁［2019］、p.18）。つまり「自分は男性なのだろうか女性なのだろうか、それとも……」という問題にかかわることです。また「性的指向」とは、「どんな相手に魅力を感じるのか」という相手の性別などにかかわることです。

「不登校」経験者の中でこの問題に直面している人は少なくありません。

その人たちの多くは女性／男性をはっきり分けてしまう学校の制服や規則、習慣などについて強い疑問を呈し、苦しみも抱いてきました。そしてそのことを友人や先生に訴えた人もいます。しかしちゃんと受け止めてもらえず、「どうしてそれが問題なのかですら理解してもらえなかった」と言っていたのを覚えています。特に七〇年代八〇年代に出会った生徒からはそういった話を聞きました。

自分自身でも、この苦悩はどんな問題から生じているのかがしばらく分からなかったと言っていた人もいました。

今でこそ、ＬＧＢＴＱ(9)といった言葉が知られるようになり、問題の所在も少しは理解されるようになってきました。しかし当時は、直面している問題を捉えることは困難だったのです。友人や教師との出会いやズレで生じる感情、そこで浮上してくる問題は大変見えにくかったのです。

こういった人と人との出会いや出来事から提起される「問題」はまさに既成の考え方では捉えきれない「外」の力を持ったものです。そこで生じた感情・欲求、あり方は「ふつう」のあり方から「外れたもの」とみなされており、「あり得ない」とさえ思われていたのですから。

それだけに解決策もそう簡単には見つかりません。立てられた問題は、「ふつう」の性別の区分けを問うているのであり、既成の枠組みそのものを問うているのですから、解決策は容易には見つかりません。

こういった問題に直面している人たちに対して解決志向的な対応でかかわってしまって良いのでしょうか。直ぐに具体的な解決策を見つけることが困難だからといって、解決へのスキルを優先して、問題が持つ意味を放置してしまって良いのでしょうか。そもそも問題をストレスとの関係だけで捉えてしまって良いのでしょうか。

2.「同性愛」という言葉と「外」の力によって提起された問題

「同性愛」という言葉は長い間精神的な病理を表す用語でした。「同性愛」は逸脱的な行為と捉えられ、メンタル・心の問題として扱われてきたのです。一九五〇年代のアメリカ精神医学会診断・統計マニュアル（DSM-I）では「病的性欲を伴った精神病質人格」と記述されていたのです（稲場雅紀［1994］、ハルプリン［1995］）。

しかし、そのアメリカ合衆国精神医学会診断・統計マニュアル（ＤＳＭ）やＷＨＯの国際疾病分類（ＩＣＤ）は、一九七〇年代には「同性愛」を「異常」にも「逸脱」にも分類しなくなりました（稲場雅紀［1994］、p.34）。

「性同一性障害」という用語もアメリカ精神医学会では二〇一三年以降、ＷＨＯでは二〇一八年以降、使われなくなっています。この用語はトランスジェンダーを精神の「障害」と捉え、矯正すべきものとみていたということだったのです（石田仁［2019］、p.96）。

このように性自認や性的指向の問題をメンタルの問題としてのみ捉えようとする傾向は強く批判され、欲求・感情や存在のあり方としてみられるようになってきたのです。

こうした変化は主にこの問題に直面していた人々の社会運動によるものと言えるでしょう。既成の観念・言説から「外れている」とみなされた人々を含む多くの人たちによる運動の結果なのです。「外」の力について語っていたミシェル・フーコー自身、「同性愛」という用語が持つ偏見・差別に苦しんできました。そして、「同性愛」を疾患とみる精神医学の言説を問い続け、セクシュアリティに関する既成の観念を突き崩し、根底的な問題を提起していったのです（Foucault［1976］、フーコー［1987］）。

私が出会ってきた人々も苦悩を抱えながらも、真剣にさまざまな問題を立て、生き方・あり方を模索しています。

このような問題はストレス緩和という視点からのみ対応できるものではけっしてありません。

3．「不登校」経験者が立てる“問題”はメンタルの問題に回収できるのか？

「不登校」経験者が立てる問題はさまざまです。男／女という区分を問う人だけではありません。学校教育とは一体何なのだ、学ぶということはどういうことなのだろうか、生きるということは、他人という存在とは、この社会で生きるとは、働くとは、家族とは、自分という存在とは、などなどさまざまです。そういった根底的な問いを立てて真剣に考えている人は少なくないのです。

そういった問いは抽象的なことがらにかかわっていますが、非常にリアルなものです。女性／男性の区分への問いも一見抽象的です。しかし問うている人にとっては非常に差し迫った問題なのです。女性／男性に区分けされた制服を着る時、強い苦痛感を抱く人もいます。そこで問われるものは真剣で、まさに具体的なものです。

友人の死に直面して考え始めた「生きるとは？」という問いも非常にリアルで差し迫った問いかけなのです。

その真剣さに圧倒されて、周囲の人々はメンタル面で対応しようとするのでしょうし、ストレスの緩和へと導こうとするのでしょう。

しかし、そういった問題は差し迫ったものであるだけに、避けて通れないものなのです。

こういった抽象的だがリアルな問いかけを受け止め、共に考えていくことは非常に大事なことです。メンタル面だけに焦点を合わせていくわけにはいきません。そこに回収されるようなことではないのです。既成観念・枠組みを問うような問題をそのままにして、ストレス緩和の方向に導くということは、結果として既成の枠内でなんとか適応して生きる方向を模索するという方向につながってしまうのです。

「登校拒否」「不登校」も「同性愛」と同様、かつては精神的な病と捉えられてきました。現在は文科省もこういった立場はとっていません。しかし、できるだけ早期に対応すべき状態、未然に防止すべきマイナスな状態と捉えられている以上、相変わらずメンタルな問題を主軸に対応・支援すべきこととされているのです。

しかし、そういった対応のみでは、私たちの既成の観念・枠組みを問い続ける問題提起を受け止めることはできません。そこから漏れ出していることをマイナスと見ず、新しい方向を共に模索していくこと、そういった姿勢をメンタル的なケアに期待することはできないのです。

4．まとめとして――出来事が提起する問題をコントロールしていこうとする動向

以上述べてきましたように、出来事をストレスとの関係のみで捉えてしまうことには問題があります。「不登校」をトラウマ的な出来事との関係のみで考えてしまうことには疑問を感ぜざるを得ません。

もちろん、こういった捉え方がもたらしたプラスの面はありますが、心理的な側面を強調するま

なざしを強めることにもつながってしまうのです。

では、出来事をどう捉えたら良いのでしょうか。

私たちが出会う出来事は「外」の力を持っています。時に既成の観念・言説の枠組みでは捉えきれない問題を提起します。私たちが当然だと思っている観念・言説そのものを揺さぶってくることもあるのです。

そしてそれに遭遇した私たちは「ふつう」の枠組み・あり方から漏れ出し、ズレていってしまい、新しいあり方を模索していかざるを得ないこともあります。

それへの対策としてセルフコントロール力を育成するようなやり方が主にすすめられています。「不登校」問題に対しては、感情をコントロールするスキルを身につけさせ、問題解決能力を高めることによって、自暴自棄になったり、学校から逃げ出してしまわないように早め早めに対応・支援することが推奨されているのです。

こういったメンタル面に着目し、ケアしていこうとする動向は、時に生徒たちが直面している問題を軽視する傾向に陥ってしまいます。

メンタル面のケア重視の姿勢だけでは、新しいあり方への模索にはつながっていきません。結果として、既成の枠組み・社会の中で適応して生きていくことをすすめることになってしまうこともあるのです。

それでは出来事が提起する問題を受けとめ、新しいあり方を模索していく力を鎮めていく方向になってしまいます。問題を受け止め、共に新しいあり方を考えていくことにはなっていかないのです。

性自認や性的指向の問題をきちんと受け止めず、あり方の問題として考えることなく、「同性愛」や「性同一性障害」といったメンタル・心の問題としてのみ捉えることが誤ちであるのと同様に、「不登校」をメンタルの問題としてのみ扱い、生徒たちが直面する問題をきちんと受け止めていかない姿勢は間違っていると言わざるを得ません。

それでは、個々人の新しいあり方への模索にはつながっていかないのです。結果として、さまざまな出来事に直面して提起される問題を既成の観念・言説・枠内に押さえ込むことになってしまうのです。

私たちは、出来事に出会った生徒たちが提起する問題をきちんと受け止め、新しいあり方への模索を鎮めていくことなく、ともに考えていく必要があるのです。

注

(7) 地毛を黒染め「校則」強要訴訟

茶髪を黒に染めることを繰り返し指導されたことにより、精神的苦痛を受けたとして大阪府立高校の元生徒が府を訴えた訴訟を指します。二〇二一年二月の大阪地裁の判決では「校則」の内容は適法とされましたが、生徒に対する指導は「生徒に与える心理的打撃を考慮せず、著しく相当性を欠く」として府側に賠償を命じました（朝日新聞二〇二一年二月一六日）。

(8) 「外」の力

この「外 dehors」という言葉は、既成の言説では表現しきれない、言語の外部に存在する世界・外在性 extérirotéを示したものではありません。

そうではなく、言葉では捉えきれない、「わからなさ」を持った、既成の言説・観念から「外れた力」をさしているのです。その「外の力」は私たちを惹きつけてくる抽象的な「力」でもあります。私たちの言説の中に浸透し、私たちの観念を揺さぶり、新しい問題・意味を提起し、新しいあり方を模索させてくる「力」を持っているのです（ドゥルーズ『フーコー』ラッツァラート『出来事のポリティクス』を参照）。

(9) LGBTQ

L（レズビアン）、G（ゲイ）、B（バイセクシュアル）、T（トランスジェンダー）、Q（クエスチョニング、クイア）をさす言葉です。Qのクエスチョニングは、自分の性がはっきりとわからない状態をさし、クイアは性的少数を表す言葉です。LGBTという言葉が広く知られてきましたが、最近は、ＬＧＢＴだけでは捉えきれない状態も含める用語についてさまざまに議論されています。

参考文献

石田仁　二〇一九『はじめて学ぶＬＧＢＴ 基礎からトレンドまで』ナツメ社。
稲場雅紀　一九九四「日本の精神医学は同性愛をどのように扱ってきたか」『社会臨床雑誌第二巻第二号』日本社会臨床学会編　現代書館。
大野裕　二〇二〇『こころのスキルアップ・トレーニング』(https://www.cbtjp.net)
森俊夫・黒沢幸子　二〇〇二『〈森・黒沢のワークショップで学ぶ〉解決思考ブリーフセラピー』ほんの森出版。
ジュディス・Ｌ・ハーマン　一九九六『心的外傷と回復』中井久夫訳　小西聖子解説　みすず書房。
デイビット・Ｍ・ハルプリン　一九九五『同性愛の百年間　ギリシア的性愛について』石塚浩司訳　法政大学出版　原著は一九九〇年。
リチャード・Ｓ・ラザルス　スーザン・フォルクマン　一九九一『ストレスの心理学　認知的評価と対処の研究』本明寛・春木豊・織田正美監訳　実務教育出版。
マウリツィオ・ラッツァラート　二〇〇八『出来事のポリティクス　知—政治と新たな協働』村澤真保呂・中澤智徳訳　洛北出版　原著は二〇〇四年。
Gille Deleuze 1986 "Foucaut" Les Editions de Minuit　宇野邦一訳『フーコー』二〇〇七　河出文庫。
Michel Foucault 1966 'La pensée du dehors' "Dits et écrits 1954-1988 I" Editions Gallimard　一九九四　小林康夫訳「外の思考」(『ミシェル・フーコー思考集成Ⅱ 1964-1967　文学　言語　エピステモロジー』筑摩書房　一九九九年)。
Michel Foucault 1976 "L'Hitoire de la séxuarité I, La volonté de savoire" Gallimard　渡辺守章訳『性の歴史Ⅰ　知への意志』一九八六　新潮社。

第五章　出来事が提起した問題をある方向に変化させ導こうとする社会
――「不登校」問題と「仕分ける」ということ

第一節　生涯学習をめぐる問題

1．前章のまとめ

第四章では「不登校」と「出来事」の関係を考えてきました。
ある「出来事」に出会ってからいくつかの〝問題〟について考えはじめ、それを契機に学校に通わなくなった人は少なくありません。私たちは、そういった出来事についてどう考えたらよいのでしょうか、そしてその出来事が提起する問題をどう受け止めていったらよいのでしょうか。その点について前章では考えてきました。

周囲の多くの人々は、「不登校」の人たちが出来事と出会うことから考え始めた問題をストレスとの関係でのみ捉え、心的負担を和らげる方向で対応してしまいます。そのことの是非についても考えてきました。

そしてこの「心的負担を和らげる方向」は提起された問題の力を減少させるという効果を結果的に持つことになるのです。出来事の「外」の力をコントロールすることになってしまうのです。


「不登校」経験者はさまざまな問題を提起しています。男／女という区分や教育制度そのもの、「自立すること」などについて、根底的な問いを提起している人は少なくありません。

その問題を受け止めて共に考えていくのではなく、ともかく感情のコントロールや問題解決能力を高める方向へと導くことは、まさに根底的な問いが広がっていくことをコントロールすることになってしまうのです。

メンタルケアに焦点を当ててしまう対応は、このような傾向に陥ってしまう可能性があるのです。


出来事の力を和らげていく方向とは違って、この機会を利用して一定の方向に導こうとする動向もあります。「不登校」が提起した問題を受け止めながらも、人材育成的な視点から一定の方向へと導いていこうとする施策もあるのです。

「不登校」問題への対策として生涯学習システムへの移行がとなえられていますが、その施策はまさにその人材育成的視点に立ったものです。

この章では、そのことについて考えていこうと思います。

また、そういった動向にともなって生じている現状の問題点についても検討してきます。

2.〝問題〟をある方向へと導こうとする動向――生涯学習システムへ

「不登校」「登校拒否」が大きくクローズアップされたのは一九八〇年代ですが、当時総理府に設置されていた臨時教育審議会は「いじめ」「校内暴力」「登校拒否」といった一連の出来事を「教育荒廃の症状」と捉え、教育制度を変えていかなければならないと提言しています（臨時教育審議会［1986］）。

そして変革の方向として提起されたのが「生涯学習システム」への移行です。

臨時教育審議会は、「教育荒廃は子どもの心の荒廃であり、子どもの人格の崩壊に連なる危険を内包している」（同上、p.11）と述べ、問題の本質は、子どもたちが家庭や学校、社会の中で個性や自主性を尊重されていないことにあり、さまざまな心理的重圧の下にさらされていると感じていることにある、と捉えているのです。

特に学校では生徒個人の自主性は尊重されておらず、それではこれからの新しい社会で何かを創造していこうとする意欲すら育っていかないと指摘しています。

ことに、これからの社会は激しく変化していく社会であり、技術も常に進化し、それを学んでいこうとする意欲や学力を育てる教育制度でなければならない、と。

その教育制度が「生涯学習システム」なのです。

このように臨時教育審議会の提言は二つの面を持っています。生徒の自主性や創造性を尊重しようとする姿勢と激しく変化する社会で要求される人材の育成のための教育制度への移行という側面です。

今世紀になってからも行政からのこの二側面を持つ施策は続いています。Society5.0という社会の中での人材育成と創造性や多様性の尊重という施策は続いているのです（本書、p.29）。

この章では、まずこの二側面について考えていこうと思います。

3．生涯学習をめぐる二つの流れ

生涯学習における人材育成的な視点と、自主性を尊重した教育という視点のズレと重なりは常に問題になってきたことです。この二つの観点は重なりそうで、矛盾を抱えたものなのです。

生涯学習とは、人が生涯にわたって学び続けることを意味しますが、そのためには学びを学校だけではなく、職場や地域などのあらゆる場所へと広げることを意味しています。つまり「だれでも、どこでも、いつでも」学んでいける教育をめざすということです（中島浩籌［1995］）。

この生涯教育・学習は一九六五年以降のユネスコの活動によって知られるようになりましたが、二つの側面を持った教育として常に議論もされてきました。

一つは人間の解放のためという側面です。

貧困や差別、社会の矛盾に苦しんできた人々などが、さまざまなことを学び、自分をその苦悩から解放し新しい道を探していく、そういった主体的な学びの場を「だれでも、どこでも、いつでも」行える教育を整えていこうということです。

もう一つは、激しく変化する社会に適応して生き得る人々、情報化社会をリードしていける人材を育てるという人材育成的側面です。

「激しく変化する社会」に適応するためには問題解決能力、イノベーション能力、コミュニケーション能力を育てる教育の場を学校だけでなくさまざまな場に広げ、相互にネットワークを貼っていくような教育システムを整備しなければならない、と。

この二つの側面は一見重なっているように見えますが、食い違ってくることが多いのです。

ユネスコの生涯教育部門の責任者であったエットーレ・ジェルピは、この二つの側面を区別した上で、「変化への適応のための教育」は主体的な学びを歪めてしまう可能性があると指摘していました（ジェルピ［1983］、p.11）。

主体的な学習では、学びの目的、内容、方法は各個人が決めていくのですが、「変化への適応のための教育」では、国家や社会が外から学びの目的・内容などを個人に押し付けることになりかねないからです。

だからこそ、この二側面を意識し、主体的な学びを重視しなければならない、そうジェルピは言うのです。

4．ヴァンセンヌ大学と生涯学習

私が一九七二年から二年間通っていたパリ大学ヴァンセンヌ校では、まさにこの二つの側面・言説が重なり、ぶつかり合っていました。

ヴァンセンヌ校は一九六八年の五月革命直後にできた大学で、学長選挙への学生参加など、学生の要望を大幅に取り入れた実験的な大学でした。しかし、他方で生涯学習への移行という視点から設置された大学でもあるのです。フォール改革といわれる生涯教育への移行のための教育改革によって設立された大学なのです

当時のドゴール政権の教育相だったエドガー・フォールは、後にユネスコの教育開発国際委員会の委員長となり『未来の学習』（教育開発国際委員会［1975］）という生涯学習を唱えた本を編んだことで有名になった人です。

もちろんこの改革は新しい社会に生きる人材を育てるという行政の意向にそったものでもあったのです。

ヴァンセンヌ校、特に哲学科では、二つの側面の矛盾がはっきりと出ていました。哲学科の講義・ゼミの内容について度々教育省からクレームがついていたのです。哲学科の卒業生には教諭学士号は与えないという教育相の発言もありました。つまりヴァンセンヌ校を卒業した人が教師となり哲学を教えることは認めないというのです。ヴァンセンヌの授業は教育省が期待するカリキュラムとは全く違うということなのです（Foucault［1970］）。

確かに、ヴァンセンヌの講義・ゼミはあらかじめ与えられたカリキュラムにそって進んでいくものとは全く違っていました。状況の中で問われていることをどう考えていくのかが重要だとされていて、教師や学生が互いの考え方をぶつけあう熱い授業が多かったのです。

大学生も大学院生も労働者も、時にはどこかで見覚えがあるような別の大学の有名な教授も同じ講義・ゼミに参加して、対等な立場で議論をしていたのです。カリキュラムにそって、基礎から徐々に学びを積み上げていくということではなかったのです。

しかし、人材育成的な教育では、ある方向に育成していくためのカリキュラムが中心となっています。そういった教育目標は、主体的に学んでいくことを大事にした学習とは対立せざるを得なかったのです。ヴァンセンヌの講義・ゼミは行政の方針とは全く食い違っていたと言えます。

結局、パリのヴァンセンヌの森の中にあった大学は、一九八〇年にパリ市内から追い出されてしまいます(10)。

このように、激しく変化する社会への適応を掲げる教育改革は、生徒の自主性や自律性を重視するとしながらも、生徒が提起する問題をともに考えていくというものとはかなり違っているということなのです。

5．自主性・多様性を重視する教育と人材育成のための教育

自主性を重視しようとする側面とこれからの社会のための人材育成的な面という二側面は、現在の教育制度の中に深く浸透しているといえます。

アクティブラーニングのように、生徒の自主性や創造性を育てていこうとする視点は現在の学校の中では強く求められるようになっています。

また、教育再生実行会議は、全ての子の「多様な個性が長所として肯定され生かされる教育」（教育再生実行会議［2016］）の実現をめざすとうたっています。

しかしそれは、これからの社会にとって必要な人材育成の視点であるとも述べているのです。要するに自主性や多様性の尊重という面と人材育成という側面をあわせ持った施策であると言えるのです。

生涯学習についてこれまで書いてきましたように、この二側面は大きな矛盾をはらむものです。生徒が多様な個性にそくして自分にあった道を模索していくということと、生徒の多様な能力に

そって社会・国が生徒のすすむ方向をふり分け育てていくということは全く違うことなのです。

このあたりのことは重要なことですので、もう少し後で述べていきたいと思います。

この「振り分け育てる」ということを考えていく前に、現在の「不登校」対策、特にデータ管理の問題について述べていこうと思います。

第二節　現在の「不登校」対策が持つ「問題性」――データ管理の問題点

1．現在の「不登校」支援の特徴

第一章で詳しく書きましたように、現在の「不登校」対策の特徴は、第一に生物・心理・社会モデルを採用している点があります。一九七〇～八〇年代のように心理や医療面だけに還元するものではなくなってきています。

第二に、学校内外の各専門家などとネットワークをはり、組織的継続的な支援を行おうとする点があります。そして第三に、その連携を深めるためにデータ管理を行うことです。

こういった情報管理は、特定の生徒だけでなく、なるべく多くの生徒に向けられています。以前のように、特定の生徒を病院や施設に入所させ、閉じ込めて管理していこうというものとは違ってきています。

では、こういったネットワークによる情報共有、支援方法をどう考えたらいいのでしょうか。ネットワークによる支援・管理戦略の問題点をどう考えれば良いのでしょうか。

2. 閉じ込めずに行う管理戦略——ネットワークによる遠隔管理

「病気」や「問題行動」に対して行われてきた対処法には、ある施設・病院に入所させるやり方と閉じ込めずに指導する対処法があります。

ある施設に入所・隔離して、「病気」の治療を行う、あるいは「問題のある習慣」を正していくという手法・戦略の他に、どこかに閉じ込めることなく、社会の中で自由に動き回ることを認めるが、その振る舞い方・動き方をきっちり指導していこうとするやり方があります。

この動き回る人の管理の仕組み・仕掛けをミシェル・フーコーは安全装置と名付けていました（Foucault［2004］）。

この手法は、個々人が外で開放的空間を動き回ることを認めます。ただしどう動くかを監視し、動き方を指示するのです。感染症対策のように、人々の位置情報などを共有し、動線を追いかけ、警告を発しながら、感染しないような振る舞い方を指導していくのです。そのために情報を各機関で共有し、ネットワークをはりながら遠隔管理していくのです。

この装置の特徴は、ネットワークによる遠隔管理です。

いくつかの場を動き回る諸個人をコントロールしていくためには、いくつかの場所の管理システム間の連携・ネットワークが必要となってきます。多くの場に設定された監視カメラによる情報を重ね合わせてある個人の動向を把握し、その人の行動パターンを把握していきます。そこからその人のリスクを察知し、予防的に対応していこうということです。子どもに位置確認システムを搭載した携帯を持たせ、子どもの動向を親と学校で把握していくということも既に行われています。まさにネットワークによる遠隔管理ということです。

その目標は「病気」が広がり、パニック、パンデミックに至らないようにすることであり、人々の安全・安心の確保ということです。ある特定個人の「病気」をなおすことよりも、人口あるいは住民全体のことを考えます。何人かの人が「病気」にかかるのは仕方ないとしても、その数は減らさなければならない、と。小さな出来事が提起した問題が拡散し、社会全体が混乱にいたる事態にならないようにコントロールする、そのためにはできるだけ多くの人々の情報を共有し、人々の行動をコントロールする、ということです。そのための必要な仕掛け・装置[11]が安全装置 dispositif de securité なのです。

個々人の「病気」「問題行動」をなおすことよりも、出来事の影響が拡大しないようにすること、「病気」「問題行動」の広がりを抑制することが目的となっています。つまり個人よりも出来事のコントロールを目標とするということです。

そして、この管理は直接会っている人から行われるものではありません。データに基づいた誰かからの間接的指示、場合によっては「そこに近づいてはいけません！」といった機械的音声による指示に従うのです。まさに遠隔管理と言えるものです。

3．流動的に動き回る監視――リキッド・サーベーランス

この仕掛けでは、監視の対象も監視する側も流動的に動きまわっています。監視される対象は開放的空間を動き回っているのですから、監視する側も動的にならざるを得ません。

社会学者のジグムント・バウマンとデヴィット・ライアンはこのような現代の監視方法をリキッド・サーベーランスと呼んでいます（バウマン＋ライアン［2013］）。現在の監視は流動的で動きまわるものだというのです。

監視装置はミクロで、身につけるものもあります。腕などにウエアラブル端末を常に身につけて血圧や鼓動などを管理して、そこから医療機関などにデータが送られるという方式が研究されています。またスマホを利用して位置情報を送付し、どこに行ってはいけないかなどを警告するシステムもあります。身体内に埋め込む装置も研究されています。

これらはまさに流動的でミクロな装置です。装着している人間は動き回り、それと共に監視装置も動き回るのです。

ここから送られてきたデータはある機関で分析され別の機関へとつながれ共有されていくのです。まさに監視する側も動的で、ミクロ化され、ネットワーク化されているということです。

4．「不登校」対策としてのデータ管理

現在の「不登校」対策もこういったデータ管理のシステムを採用しています。

もちろん、ウェアラブル端末を身につけさせたり、位置情報を知らせる装置を利用するといったことはしていません。しかし予防対策も含めて専門家の間にネットワークをはって、データ管理に基づいた組織的支援を行おうとしているのです。

学校や施設、家庭に閉じ込めるのではなく、学校の外で学んだり、何かをすることは認めるのですが、その情報は支援シートと呼ばれる電子カルテのようなもので共有し、コントロールしていこうというのです。そして組織的統一的な指導・支援を行っていこう、と。

しかし、なぜ「病気」でも「問題行動」でもないと文科省も認めているのに「不登校」をデータ管理の対象にするのでしょうか。学校、家庭、地域、そして専門家の間にネットワークをはって情報を共有し、切れ目のない組織的な支援をする対象にするのでしょうか。

この点が最大の問題点です。しかし、既に何度も言及してきましたので繰り返しません。

ここではデータ管理の問題を考えていきたいと思います。

5．カテゴリーによって分類するということ――データ管理の特徴

電子情報を介したデータ管理には常にカテゴリーによる分類・等級化 classify がともないます。

例えばアマゾンのような企業は消費者個々人のデータを大量に蓄積しています。そして消費傾向

を知るためにそれらをいくつかのグループに分けて分析します。つまりいくつかの特徴に基づいて人々を分類し仕分けしていくのです。

そのカテゴリーに従って、企業は広告の仕方を変えていきます。このカテゴリーの人たちにはこの商品を宣伝していき、このグループにはこれを、と。画一的な広告ではなく、個々人に合わせた有効な宣伝・販売をするためには人々を分類していくことが必要なのです。

データ管理は必然的にカテゴリーによる分類をともなうということです。

情報が意味のあるものになるためには、データをある基準にそって分類し振り分けることがどうしても必要になるということです（ライアン［2011］p.117）。

そして、その区分け・分類に従って、対応は変わっていくのです。

「不登校」支援のためのデータ管理も分類、仕分けがあります。

第一章で紹介しましたように（本書、p.37）、東京都教育委員会の『児童・生徒を支援するためのガイドブック～不登校への適切な対応に向けて～』(2018）によりますと、登校支援シートには、まず「不登校児童生徒」についての情報・アセスメントが三つの面で記録されます。身体・健康面と心理面そして社会・環境面です。

身体・健康面では、睡眠の具合、食事の状態、疾患の有無など、心理面では、社交性、自己有用感、自己肯定感など、社会・環境面では、児童・生徒間の関係、教職員との関係、家族関係などの項目に指示にそってデータを選択し書き込みます。

そしてその情報・アセスメントにそってリスク要因、保護要因を探していきます。リスク要因とは危険性を増加させる要因で、「保護者から厳しく叱られている」とか「発達障害の疑いがある」などといったものです。保護要因とは、その生徒にとって強みとなる要因で、「教職員との関係が良い」や「情緒が安定している」といったことです。

そういった要因を探した上で支援策を練り、それを登校支援シートに記載していきます。

『ガイドブック』の「早期支援」の箇所を読むと、以下のような手順が書かれています。

例えば、「児童・生徒間の関係」に問題がある場合、つまり「人と関わることが苦手である」「人前では過度に緊張する」「自分勝手な行動が多い」などといった情報がある場合、「発達障害（疑いを含む）」や「愛着障害（疑いを含む）」などがあるかどうか（身体・健康面）、「劣等感」「回避傾向」などがあるか（心理面）、「コミュニケーションの経験不足」「学校での人間関係」「家庭での人間関係」はどうか（社会・環境面）などといったことを調べ、リスク因子を探すことが指示されています。それに保護因子を組み合わせて具体的な対策を練っていくように書かれています。

そしてその上で「周りの活動についていけない場合は、自分のペースで取り組んでも良いことを伝える」「発達障害や愛着障害などが疑われる場合は、スクールカウンセラーなどへの相談を勧める」「周りと一緒に行動するのが辛そうなときは、一人の時間をつくる」「図書室や、保健室など、一人で安心して過ごせる居場所を決めておく」などといった具体的支援例を参考に支援策を練っていくのです（東京都教育委員会［2018］、p.47）。

このように、『ガイドブック』では、生徒の情報をどのようにシートに書き込み、それにそって支援策をどのように立て、それを記録し、共有していくかが細かく分かりやすく説明されています。

ここにあるのはまさに分類と仕分けです。

身体・健康面、心理面、社会・環境面ごとにいくつかの記載項目があり、そこにある五、六個の記載事項から選択して記入し、そしてこういった場合はどのように因子を探し、それらを組み合わせて、どう対策を選択するかが分かりやすく示されているのです。

しかし分かりやすいということは、きれいに仕分けされているということでもあります。記載された情報・データによって対応策への手順・道筋が振り分けられているのです。

では、このような分類、仕分けはどんな問題を生じさせるのでしょうか。

6．カテゴリー分類と支援策の仕分け——場による差異や特異性

「不登校児童生徒」の分類は支援策の仕分けにつながっていきます、

現在の支援方法は、以前のように、「不登校」の生徒にはともかく共感を軸に対応していかなければならないといった漠としたものではなくなっています。

例えば「発達障害」の傾向がある場合は、単に共感だけでなく特性に合わせたきめ細かい対応が

必要であるなどと、生徒の情報によって対応も仕分けされているのです。「～障害」の疑いがある場合、このような対応を、などと。

これは分かりやすく、当然のようにも思えます。

しかし、仮に「発達障害」の「自閉スペクトラム症／自閉スペクトラム障害」と診断されたとしても一人一人は全く違っています。当たり前のことですが、一般的に指摘されている特性にあてはまらない面、あるいはそれとは全く違った面を人は持っているのです。

また各個人、個人は、接する人や場所によって違う面を見せます。

情報の分類、仕分けにはそういった差異、あるいは特異的なことがらを考慮に入れてはいないのです。

しかも、組織的で統一的な支援が求められていますので、対応する人達、場所によって支援のあり方がバラバラになってしまうことは極力避けられているのです。

しかし、接する人や場所による差異はマイナスなことでしかないのでしょうか。

場所によって人の感覚は違っています。学校とフリースペース、フリースクールでは人々の感覚・意見は違うことが多いのです。同じフリースペースでも場所によって差異があります。学校教育などについての感覚・意見はかなり違っているのです。

その違い・差異によって救われる人もいます。

学校に行っていないことを自己否定的に捉えていた生徒が、あるフリースペースでの語らいを通じて、「本当に、学校に通っていないことを否定的に見ない人がいるのだ！」と気づき、「そこから自分を変えることができた」と語っていました。カウンセラーによっては「学校に行かなくても問題ないよ」と言ってくれる人もいましたが、「ここの人たちは本気でそう思っている。そう感じることができた」と。

このように出会う場所や人々の差異は重要な意味を持つこともあります。接する人や場所の違いがマイナスになるとは限らないのです。

また、出会いの特異性も重要です。

第一章でも紹介しましたが（本書、p.46）、好きではなかった学校で、誰もいない音楽室のピアノを一人で弾いていたら、ギターが好きな生徒が通りかかったそうです。そして即興でピアノに合わせて合奏しはじめました。そのことが楽しく、それから後、「家の外も面白いのだと感じることができるようになった」と話してくれた生徒もいました。

また、他人には嫌がられると思っていた自分の趣味を、ある場所である生徒に話したら、「私もそれ好きだ」と応じてくれたそうです。「それから自分のことを隠さなくていいのだと思えるようになった」と語っていた生徒もいます。

こういった予測できないような特異的な出会い・出来事は大きな意味を持ちます。

しかしリスク管理的視点からのデータの分類、仕分けでは特異的な出来事・出会いは考慮されていません。また場所、人の持つ感覚の差異などが持つ積極性についても考えられていないのです。こういった特異性、差異が持つ積極性は組織的で統一的なデータ管理、支援策から抜け落ちていると言わざるを得ないのです。

第三節　ソーシャル・ソーティング（社会的振り分け）の持つ問題性

1．ソーシャル・ソーティング（社会的振り分け）

そしてデータ管理によって人々の進むべき方向も振り分けられていく可能性があります。この仕分けは人が生きていく方向、進むべきコースを振り分けることにつながっていくのです。データによる仕分けは、支援策の振り分けだけでなく、その後の進路にも影響を与えるのです。最近は、「不登校児童生徒」が学校の外で学ぶことも認められるようになりました。つまり教育支援センターや民間のフリースクールなどに通うことは認められるようになりました。また教育機会確保法では「不登校児童生徒」のための特別のカリキュラムを編成した「不登校特例校」の設置も認められています。

さらに既に書きましたように、教育再生実行会議の第九次提言（二〇一六年）では、「発達障害」や「不登校」の生徒の中で「優れた能力を有する」子どもたちの能力を伸ばしていく方策も検討されています。そのためには大学、大学院への「飛び入学」も検討するとしており、能力を開発していくための特別な教育プログラムの編成もかんがえていくべきである、としているのです（p.11）。

まさにこういった人材育成的視点の下では、「不登校児童生徒」は仕分けされ、どんな傾向を持つ児童・生徒なのかと分類され、優れた能力を持っているのかどうかも見極められようとしています。そして優れた児童・生徒は特別な教育プログラムのもと、大学、大学院へと進ませ、この社会を引っ張るリーダーとして開花させよう、と。

教育再生実行会議は多様性をうたっていますし、この第九次提言のタイトルは『全ての子供たちの能力を伸ばし可能性を開花させる教育へ』となっています。

しかし、ここでの多様性は、多様な能力・特性に応じて、多様なコースを指し示すということです。能力・特性に応じて、進路を振り分けていこうということなのです。

本来、歩んでいく道は自分自身が模索し決めていくものです。しかし、進むべき方向を人材育成的な視点から社会が振り分けようとしているのではないか、そういった疑念を持たざるを得ないのです。

社会学者デヴィッド・ライアンはこういったことを社会的振り分け・ソーシャルソーティングsocial sortingと呼んで問題点を指摘しています。

通常、情報による仕分け・振り分けはある一つの視点からのものにすぎません。ここでは「不登校」へのリスクという視点からのものです。しかし、この情報を見た人たちはその人全体をそういうまなざしで区分けして見てしまいます。「ああ、この子は心にこういった問題を抱えた人なのだ」など、と。そして、その人がこれから生きていく進路までも振り分けられていこうとするのです。

こういったことをライアンは社会的振り分けと呼んだのです。

そしてライアンはこう述べます。

「それぞれの人格が、あるいは彼・彼女の行動がどのように分類・等級化 classify されるかは、その人の生活に変化をもたらす場合が多い。等級化という行為は、道徳にかかわる行為である」(ライアン［2011］、p.118)。

まさにこういった識別行為（アイデンティファイ identify）は識別された人の生活に大きな影響を与えます。自分が進もうとしている歩みそのものにも社会的振り分け的なまなざしがおよんでくるのです。

「不登校児童生徒」をどうデータに書き込み、どう識別するのか、それは支援策を区分けするだけでなく、その人の生き方に大きくかかわります。その意味で道徳にかかわる行為なのです。

2.「不登校は病気ではない」という言説をめぐって——「精神障害」という概念

しかしこの社会的に振り分けるという問題は、データ管理の技法だけに固有のこととはいえません。日本の公教育制度や精神科医療がもともと抱えていた問題なのです。

そのことを考える時、私は二つの議論を思い浮かべます。

一つは「不登校は病気ではない」という言説をめぐる議論です。

私は、一九八〇年代に情緒障害児短期治療施設(12)の増設に反対する運動に参加していました。この施設は「情緒障害児」を短期間入所させ、治療させていく場所です。当時、「不登校」は「情緒障害」とも捉えられており、そこに入所させられていた生徒もいました。そして「不登校」の増加にともなって施設を各地に増設していこうという施策があったのです。

そういった動向は、「不登校」を「病気・障害」とみるまなざしから生じたものであり、当時広がりつつあった「不登校は病気ではない」という言説とまったく対立するものでした。私は、「病気・障害ではない」という視点に賛同していましたから、増設反対の運動に参加したのです。

この反対運動の過程でいろいろな人に会い、署名ももらいました。その際、「精神病・障害」の問題に取り組んでいる何人かの人から「不登校は病気ではない」という言説への疑問を提示されました(全国不登校新聞社［2016］石川憲彦、［2017］中島浩籌)。

「『不登校は病気ではない』ということは分かるのだけど、『精神病・精神障害』と判定された人のことはどう思うの？」という問いかけです。
「不登校」を「病気」とみたり、「情緒障害」と捉え、病院や施設に入所させることの問題点はよく分かるが、では、「精神病・障害」と判定された人は施設に閉じ込められ、治療を受けてもいいの、「精神病」とそうでない人の違いをどう考えているの、と。

当時も、「精神病者」を安易に入院させ拘束させてしまう日本の精神医療が問題になっていました。また「精神病・精神障害」とそうでない人との判定そのものの問題点も指摘されていたのです。日本の精神医療へ強い問題提起を行っていた吉田おさみは、『〝狂気〟からの反撃―精神医学解体運動への視点―』（新泉社〔1981〕）という本の中で次のように述べています。

「病気という概念は〝なおす〟という実践的要請との関連においてはじめて成り立つということです。病気というものが客観的にまずあって、病気だからなおさなければならないというのは、皮相な似非合理主義的思考です。病気だからなおしたいのではなく、なおしたいから病気なのです。言い換えれば病気―治療は相関的に捉えられなければならないのです。このことは実際の経過をみてもわかることです。すなわち、本人（または周囲）の苦痛がまずあって、苦痛を除去したい（なおしたい）という要求が出てきて、そこで医師の診察の結果、病気という診断が下されるのです。問題は誰がなおしたいかということです。身体病の場合は主として本人がなおしたいのであり、精神病の場合は主として社会（周囲の人）がなおしたいのです」（同上、p.63）。

吉田おさみが指摘しているように、精神的な「病気」には客観的な病因が明確に示されているわけではありません。身体の病のように、ある器官や細胞に病気の原因があるといった形で説明されているわけではないのです。「精神病」という概念は主に周囲の人々の〝なおしたい〟という要請と無関係に客観的にあるものではないということです。

現在は「精神病」よりも「精神障害」という言葉が使われていますが、その「障害」という用語について児童精神神経科医の石川憲彦は次のように述べています。

「現在の精神障害の『障害』は、英語のディスオーダー（disorder）の訳語です。disというのは、『……ではない』と否定するときにくっつく接頭語。一方、orderは、秩序・命令・順序・規制・通常などといった意味の言葉です。ですから、少し乱暴に翻訳すると、『秩序を守らない』『命令に従わない』『規制が難しい』などといった意味の言葉が、『精神障害』と訳されているのです」（石川憲彦［2018］、p.25）。

さらに、orderという言葉には「正常な状態」といった意味も含まれています（リーダーズ英和辞典）。したがってこの用語には「正常な状態から外れている」というニュアンスも含まれているということです。

つまり、「精神障害」という概念は、「正常の状態から外れている」「規制が難しい」「秩序を守らない」から〝なおしたい〟という周囲の人々の要請と無関係にあるものではないということです。

しかも「正常」や「秩序」「規制」という意味内容は社会や文化、時代によって違ってきます。ということは、「精神障害」は私たちの社会のありように大きく左右される概念だということです。「同性愛」や「不登校」が精神疾患と扱われてきたように、社会の秩序や「正常」と思われてきた状態から外れている状態なのだから、どうしても〝なおしたい〟という社会的要請と無関係ではないということなのです。

だとすると、「不登校は病気ではない」という言説は、「病気・障害とはなんなのか」という問いとともに考えなければおかしなことになるということです。

そういった視点がないと、ただ「精神障害」診断のより客観的な基準、診断を求めるというようなことになりかねません。「我々を精神障害者と同じように扱うな」といった差別的な形になってしまう可能性もあるのです。「正常─異常」という区分け、「精神障害」と「普通の人」といった振り分けに従うことになりかねないのです。

そして、このことを考えなければ、この区分けを前提にした行為になってしまい、振り分けの論理に拍車をかけることになってしまう可能性もあるのです。

そして、現在「不登校」は細かい振り分けのまなざしの下にあります。「不登校」への対応は、「発達障害」「愛着障害」「気分障害」などの「リスク要因」を探していこうとするさらにきめ細かい分類のまなざしにさらされているのです。

だからこそ、「精神障害・病」とは何かということを問い続けることが大事ですし、精神医療につきまとっている区分け・振り分けの論理を問うていく必要があると思うのです。

精神科の医療行為を全否定するつもりはありませんが、「障害・病」ととらえるまなざしを問い、考え続けることは非常に大事なことなのです。

3．「どの子も地域の学校へ」という運動と「不登校」

もう一つ考えなければならない議論は、「どの子も地域の学校へ」という運動と「不登校」問題とのかかわりです。

「どの子も地域の学校へ」という運動は、地域の学校に通うことが認められない「障害児」も学校に通って共に生きていこうという運動です。

一九七九年に養護学校義務制が実施され、就学年齢に達した子どもは誰でも学校に通うことができるようになりました。しかし、「障害児」は養護学校に行くことを前提とした上でこの制度は実施されたのです。すべての子どもが教育を受ける権利は認められたのですが、「障害児」は養護学校（今の特別支援学校）へ、そうでない子どもは地域の普通学級へと分けられたのです（山田真

[2018])。

こういった分離教育はおかしいということで養護学校義務化反対運動が起こります。その中で、「どの子も地域の学校へ」という運動が行われていきました。つまり「障害児」も地域の学校に通い、分けられることなく共に生きようという運動です。

これに対し、一九八〇年代はじめ頃から注目されだした「登校拒否」の生徒たちの行為は学校から出ていこうという行動です。

つまり現象的にだけ捉えれば、この二つの運動は逆方向に向かっています。学校に入ろうという行為と学校から出ていこうという動きなのです。

この二つの動きをどう考えたらよいのでしょうか。

私がそのことを考え始めたのは一九八五年に行われた『公教育を見限る?』という臨床心理学会のシンポジウムに参加したことがきっかけです（日本臨床心理学会［1986］）。

そのシンポジウムには「どの子も地域の学校へ」という運動を行っていた人たちも「不登校」問題を考える人たちも多く参加していました。シンポジウムはまず「不登校」経験者の篠原史が問題提起を行い、それを受けて、「どの子も地域の学校へ」という運動を続けてきた国立小児病院（現在は国立成育医療センター）の渡部淳が「学校を見限ろう」と呼びかけ、やはり「どの子も地域の学校へ」にかかわってきた子供問題研究会の篠原睦治が「公教育を見限る?ちょっと待ってよ!」と訴えるところから討論が始まっていきます。

その後、議論が続くのですが、議論はなかなかかみ合わなかったように感じました。しかし、そこで提起された問題は非常に大きなものだったと思います。

学校に通わない行為をどう考えるかはそれぞれ違っていましたが、問題にされたのは公教育制度だったのです。個々の学校のあり方や教員のあり方、生徒同士の関係などではなく、現在の公教育システムそのものが問われていたのです。

現在の公教育制度は「分けること」を前提としています。「障害」を持っている子とそうでない子を分け、通う学校を区分けすることを前提とした制度なのです。

地域で一緒に遊んでいた子どもたちは、小学校に入ることを契機に、通う学校が振り分けられてしまいます。共に生きあっていくという関係が場合によってはたたれてしまうことになるのです。「学校を見限ろう!」という呼びかけに対して、「ちょっと待ってよ」と主張した篠原睦治も、学校で行われている教育内容を大事にしようと言っているわけではありません。そうではなく「共に生きる」関係をつくりだしていこうと呼びかけていたのです。

もともと公教育制度は「分ける」論理をともなっています。そういった公教育制度は見限る必要はあるが、学校を共生・共育空間として意味づけ直して、学校の中に新たな関係を創造していこう、そう主張していたのです（同上、p.99）。

また、「不登校」の生徒が苦しむのは、学校に通っていない、あるいは中途退学した人が不利益を受けるような教育制度があるからです。つまり、高学歴が有利に働くという社会、学歴を積み、良い学校に通っている生徒は将来有望視され、そうでない人は不利益を被るという格差を生み出すような社会・教育システムとなっているからなのです。だからこそそこから外れてしまったことに苦悩するのです。つまり、「不登校」問題の背後には公教育制度の問題があるということです。

憲法第二六条第一項には「すべて国民は、法律の定めるところにより、その能力に応じて、ひとしく教育を受ける権利を有する」とあります。

問題なのは「能力に応じて」という箇所です。

教育基本法では「すべて国民は、ひとしく、その能力に応じた教育を受ける機会を与えられなければならず、人種、信条、性別、社会的身分、経済的地位又は門地によって、教育上差別されない」(第四条第一項) とされています。

問題はこの「能力に応じた教育」という文言なのです。

この「能力に応じた」という文言は、現実の教育制度を見ていると、結局は能力に応じて教育内容を振り分けていこうということなのです。能力によって「障害児」とそうでない子が分けられ、受ける教育内容が振り分けられる、また、特に能力が優れていると判断された子は特別な「エリートコース」を歩んでいかせる、それが能力に応じた教育ということなのです。

このシンポジウムで問題化されたのは「分けること」で成り立っている現在の公教育だったので

す。

一見「不登校」と「どの子も地域の学校へ」運動は違った方向を向いているのですが、公教育制度を根底から問うていくという点においては重なっていたのです。

4. 公教育制度や医療が持つ「振り分け」と現在の「不登校」対策

こういった公教育が持つ「振り分ける」という機能は、現在、より細かくなってきています。すでに書いてきましたように、「不登校児童生徒」と認められた人は学校の外で学ぶことが認められます。そしてどんなタイプの「不登校児童生徒」かによって対応が変わっていきます。「不登校児童生徒」で優れた能力を持つ人は「飛び級」「飛び入学」をへて大学、大学院に通うことも模索されているのです。

要するに「能力に応じて」振り分けられる制度がさらに進んできているということです。そして、支援シートなどによるカテゴリー区分によって、さらにきめ細かく仕分けされようとしています。「不登校」「身体障害」「知能障害」「発達障害」等々、細かく区分けし、社会的に振り分けていくまなざしは強まっているのです。

だからこそ、教育システムや医療が抱えている「分ける」ことの問題を問い続けていく必要があるのです。

5. 本章のまとめ

第五章では、「登校拒否」「不登校」が提起した諸問題を受け止めるのではなく、人材育成という方向へと導こうとする動向について考えてきました。

特に、八〇年代に臨時教育審議会によって提起された生涯学習システムへの移行にともなう問題を論じてきました。

そして、そういった視点に立った現在の「不登校」対策も考えてきました。

現在の「不登校」対策は、「病気」や「問題行動」と捉えた上で病院や施設に閉じ込め治療していこうとする医療的心理的対応が中心となったものではありません。

特定の人たちに向けられたものというよりは、できるだけ多くの生徒に向けられた開発的予防的なものが中心となっています。

そしてさまざまな場や専門家との間にネットワークを張り、連絡をとりながら組織的継続的な支援を行っていこうというものになっています。またそのためにデータ管理を行っていくものです。

このデータ管理が持つ最大の問題点は分類・仕分けという手法が持つ危険性です。

その仕分けにともなう社会的振り分けは、データ管理の対象となる生徒の人生を区分けしていきます。そして、自分の歩もうとする方向を勝手に振り分けられてしまう危険性を持っているのです。

この振り分けはもともと公教育制度や医療制度が持っていた問題点ですが、現在の支援策はその面をより強めようとしています。それだけに社会的に分けていくということが持つ問題について考えていかなければならないのです。

では、これまで述べてきた問題点を踏まえ、私たちはどうしていったら良いのでしょうか。本書で、これまで書いてきたことを模索していくために、私たちはどのような関係を築いていったら良いのでしょうか。次章でそのことを考えたいと思います。

注

⑽ パリ大学ヴァンセンヌ校

第二章注⑸参照。

⑾ 仕掛け・装置 dispositif

「装置」という言葉のフランス語はディスポジティフ dispositif です。フランスでは国家などの権力装置を意味する場合はアパライユ appareil という言葉を使う場合が多いのですが、ヴァンセンヌ大学哲学科にいた思想家M・フーコー、G・ドゥルーズ、JF・リオタールはディスポジティフ dispositif という用語をあえて使っていました。

アパライユ appareil はカメラなどの機器を指す言葉で、機械的にはっきりとした機能・手順で動いていくシステムをさします。それに対して、ディスポジティフ dispositif は仕掛け、配置、配備、対策などと訳される言葉です。

機器と違って仕組みが固定的に決まっていて、ある仕組みのもとにきちんと動いていくものではなく、柔軟で流動的で、さまざまな要望にそって人の配置や対策などを変化させながら、ある目的にそって対応・機能していく仕掛け・配備をさしています。

フーコー、ドゥルーズ、リオタールはこの用語を使うことによって、権力装置を上からの指示通りに機械的に対応していくようなシステムとしてではなく、周囲の要求などさまざまなところからの働きかけに応じながら流動的に変容し機能していく仕掛け・装置として捉えようとしていました。（中島浩籌　二〇一三参照）。

(12)　情緒障害児短期治療施設

第一章注(1)参照。

参考文献

石川憲彦　二〇一八『「精神障害」とはなんだろう？「てんかん」からそのルーツをたずねて』ジャパンマシニスト社。
教育再生実行会議　二〇一六『全ての子供たちの能力を伸ばし可能性を開花させる教育へ（第九次提言）』。
全国不登校新聞社　二〇一六『不登校50年証言プロジェクト#09石川憲彦』。
　　　　　　　　　二〇一七『不登校50年証言プロジェクト#14中島浩籌』。
東京都教育委員会　二〇一八『児童・生徒を支援するためのガイドブック～不登校への適切な対応に向けて～』。

中島浩籌　一九九五「第一章　生涯学習路線とカウンセリング」『学校カウンセリングと心理テストを問う　社会臨床シリーズ2』日本社会臨床学会編　影書房。
中島浩籌　二〇一三「心理主義と『心』の医療化」『社会臨床雑誌』第二一巻第二号　日本社会臨床学会編・現代書館発売。
日本臨床心理学会　一九八六・六「〈第二一回総会記録〉分科会Ⅱ『公教育を見限る?・』」『臨床心理学研究』Vol.24 No.1。
山田真　二〇一八「ぼくたちは『みんないっしょ』をめざした—障害児教育の歴史をひもとく」『こどもの「ちがい」に戸惑うとき』(ちいさい、おおきい、よわい、つよい 118) 石川憲彦、北村小夜、熊谷晋一郎、山口ヒロミ、山田真著　ジャパンマシニスト社。
吉田おさみ　一九八一『〝狂気〟からの反撃—精神医学解体運動への視点—』新泉社。
臨時教育審議会　一九八六『教育改革に関する第二次答申』。
エットーレ・ジェルピ　一九八三『生涯教育　抑圧と解放の弁証法』前平泰志訳　東京創元社。
ジグムント・バウマン、デイヴィット・ライアン 二〇一三『私たちがすすんで監視し、監視される、この世界について　リキッド・サーベイランスをめぐる七章』伊藤茂訳　青土社。
デイヴィッド・ライアン　二〇一一『監視スタディーズ——「見ること」「見られること」の社会理論』田島泰彦、小笠原みどり訳　岩波書店。
Michel Foucault 1970 'Le piège de Vincennes' "Dits et écrits 1954-1988" Éditions Gallimard 1994 安原伸一郎訳「ヴァンセンヌの罠」(『ミシェル・フーコー思考集成Ⅲ　一九六八—一九七〇　歴史学　系譜学　考古学』筑摩書房　一九九九年)
Michel Foucault 2004 "Sécurité, territoire, population" cours au Collège de France 1977-1978 Editions du Seuil/Gallimard.

第六章　新しいあり方を模索していくには？

第一節　逃げ、漏れの方向性の模索――本章で検討すること

1．これまでのまとめ

本書ではこれまで、「不登校」に対して「心のケア」を中心に対応していこうとする動向について書いてきました。そしてその問題点についても考えてきました。そこには「不登校」を一括りにしてマイナスな事柄として捉え、支援の対象として見ていこうとするまなざしが見え隠れしているのです。

当然のことながら「不登校児童生徒」は一人一人まったく違います。にもかかわらず、学校を長期にわたって休むことを「社会的な自立へのリスク」と一括して判断してしまう、そのことはとて

もおかしなことです。

本書では、このことを「逃げる、漏れる、ズレる」との関係で考えてきました。

そしてその逃げ、漏れ、ズレを「出来事」との関係で論じています。

また、現在注目されているデータ管理や組織的で切れ目のない支援についても考えてきました。

そこに横たわる社会的に振り分けていくという姿勢、そしてもともと公教育制度が持っていた「分ける」ということの問題点についても考えてきました。


では、こういったことを踏まえて、新しい方向性を模索していくには私たちはどのようにしていけば良いのでしょうか。


もちろんそこには正解はありません。

学校を辞めるべきか、逃げるべきかといったことも個々の事情によって全く違うのです。安易に「～すべき」あるいは「～すべきでない」などと言うことはできません。

しかし、「ふつう」とされたあり方、感覚、考え方から外れていること、ズレていること、常識的なあり方・枠組みから漏れ出ていること、世間的に「～すべき」とされることから逃げ出していること、そのことを否定的にしか捉えないまなざしからは離れなければなりません。

常識的な枠組みから外れていたとしても、安易に間違っているなどと判断はできないのです。

2.「ふつう」から逃げること、漏れること、ズレることをどう考えるか

私も含めて、多くの人が「ふつう」とされている何かからズレて生きています。「ふつう」の人が進む方向、流れから漏れ出しています。

私は大学卒業後に就職した会社を四ヶ月で辞めました。そこから進んできた道を考えると、「ふつう」のコースからはかなり外れています。既成の枠組みから何かが水漏れしているというイメージを私はずっと抱いてきたのです。

私が出会ってきた人たちの多くも、なんらかの形でズレています。それを自覚して、「それで良いのだ！」と思っている人もいますが、そのことを気にしながら生きている人もいます。

このズレるという行為・状態の多くは意図してなされたものではなく、気づかないうちにそうなっているといった状態です。

だからといって否定されるべきものではありません。

しかし、学校を休むなどといった「ふつう」から外れた行為は否定的に捉えられてしまいます。そのこともあって、自分自身を否定的に捉え、苦しむ人も少なくありません。

ですから、まずは学校を休むこと、ズレること、漏れ出すことをマイナスと見ないことが大事だと私は考えています。

ただ、この漏れ出す方向、逃げていく方向は見えにくいことが多いのです。その漏れ、ズレ、逃

げの方向をどう捉え、どのように新しいあり方につないでいけるのか、それが肝要なことだと私は思っています。

また、何から漏れ出しているのか、外れてしまった既成の枠組みとはどのようなものなのか、これもまたわかりにくいものです。その枠組みはなんであり、どんな問題点があるのか、そこを問うことも非常に大事なことです。

ただ、この枠組み、あるいは逃げ、漏れの方向性を模索することは非常に困難なことです。それを行なっていくためには、それを共に考える関係・場が必要となります。

では、どのような関係・場を考えていけば良いのでしょうか。このことを本章では考えていこうと思います。

しかし、そこを考える前に、私たちに大きなプレッシャーをかけてくる「ふつう」の観念・価値観について、まずは問うていこうと思います。プレッシャーから離れる、あるいは弱めることが、方向性、関係性を考える上でも不可欠となってくるからです。

「不登校」経験者にとって非常に強いプレッシャーを与える観念の一つが「自立すること」「働くということ」に関するものです。

第二節　すこやかに成長し、自立していくことへの問い直し

1．自立へと追い立てる社会

一九九〇年代頃から「社会的な自立」が問題になってきました。

当時、「ニート」や「ひきこもり」が問題になり、内閣府は若者の自立を家庭や企業に委ねるのではなく、社会全体が自立育成のために若者を支援していくような「自立促進型社会」を形成しなければならないと唱えるようになってきたのです（本書第一章、p.34）。

大きく変容し続ける社会を生きていくためには自立する力の育成が重要であり、社会的な自立育成が肝要なのだ、と。

つまり、就業によって職業的自立を果たし、親からの精神的・経済的自立を達成するだけでなく、日々の生活においても自立して行動し、責任ある個人として社会に関心を持って公共に参画していくことが求められているのです（内閣府［2005］）。

内閣府の子ども・若者育成支援推進本部が出した『子供・若者育成支援推進大綱（二〇一六年）』のサブタイトルは「すべての子供・若者が健やかに成長し、自立・活躍できる社会を目指して」となっています。

要するに、society5.0のような社会の中で「すこやかに、自立して生きる」ことが強く求められ

ているということです。

そして、何度も言及してきましたが、「不登校」状態はその「社会的な自立」へのリスクと捉えられているのです。

この自立を強く求める社会、「自立へと追い立てられる社会」（広瀬義徳・桜井啓太編〔2020〕）の中で、多くの若者は自立への不安を強く抱くようになっています。

そして自立への問いも多く出されているのです。

その問いを受け止め、考えていくことが、「不登校」問題を考え、この社会を考えていく上で非常に重要なことである、そう私は考えています。

2. 働くこと、自立することへの問い

自立の中でも、どうしてもイメージされてしまうのは職業的自立です。この社会で自立して働いていくことです。

「不登校」状態にいる人がまず直面するのが、「この子は大丈夫だろうか？」「この子は将来自立して働いていけるようになるのだろうか？」という周囲のまなざしです。学校にも行けないのに、「この社会でどう自立して生きていけるの？」「どのような仕事をして働いていくの？」といった不安感が付きまとってくるのです。

この自己否定的なイメージの中で、これまで大事にしてきた趣味や遊びも「怠け」につながるよ

うなものと見えてしまうことがあります。働く・勉強するといったことにつながらないものはマイナスに見えてしまうのです。

八歳から学校に行かなくなり、二〇歳過ぎまで孤立した状態で過ごしてきた喜久井ヤシンは、『いまこそ語ろう、それぞれのひきこもり』（林恭子、斎藤環編［2020］）という本の中で次のように書いています。

「私にとってひきこもり経験の最大の問題は、「遊び」が失われたことです。私は親や世間からの要望を叶えることができず、「自分はダメだ」と落ち込み、自らを責める状態が慢性化していました。そうなると、生活上での好きなものや、感受性そのものが鈍くなります。「したい」と感じられることがなくなっていき、人生の喜びがわからなくなりました」（林恭子、斉藤環編［2020］、p.20）。

喜久井ヤシンが言うように、「不登校」や「ひきこもり」になったとたんに、「自分はダメな人間だ」と感じてしまう人は少なくありません。

そのためか、今まで好きだったアニメを見ることもはばかられるようになり、「好きだったものを見てもかつてのような喜びを感じることができなくなった」といったことを言う生徒とよく出会うようになりました。

「働いていけるだろうか、自立できるだろうか」という不安が強まり、「遊び」＝「怠け」と見てしまい、「遊ぶこと」への自分の中の比重が弱まってしまうのです。

しかし、人にとって「遊び」が意味するものは大きいのです。

喜久井ヤシンは続けて、以下のように述べています。


「遊びは生産性や労働スキルと違い、直接的に生活に役立つものではありません。しかし人生に遊びは不可欠です。単に雑談をしたとか、面白い映画を見たとか、ささやかな楽しさにも、遊びがあります。人と出会い、親交を深めて共に喜び合う幸福感も、大きくは遊びだと言えます」(同上、p.20)。

喜久井ヤシンが言うように、「遊び」が持つ意味は非常に大きなものです。まさに人生の喜びそのものに通じると言えるでしょう。趣味や遊びなどに生きがいを感じる人は少なくありません。にもかかわらず、「働くこと」が最も価値のあるものと捉えられてしまいます。働くこと、自立することは生産的なことであり、遊びは怠けに通じるものである、と。

3．「働くこと」は本当に生産的で社会に貢献するものなのか？

「働くこと」「経済的に自立すること」は本当に生産的で社会に貢献するものなのでしょうか。そして「遊び」は意味のないことなのでしょうか。

文化人類学者デヴィッド・グレーバーは、現在、かなりの労働者は「自分がやっている仕事はムダで無意味な仕事だ」と思っている、と述べています。「自分の仕事はクソどうでもいい仕事（ブルシット・ジョブ）だ」、と（デヴィッド・グレーバー［2020］）。

二〇一〇年代後半に行われたイギリスでの世論調査によると、「あなたの仕事は、世の中に意味のある貢献をしていますか？」という質問に対して、三七％が「していない」と答えています。「わからない」は一三％です。

またオランダでの世論調査では、四〇％が「自分の仕事が存在する確固たる理由はない」と答えているのです（グレーバー［2020］、p.13）。

要するに、現在四割くらいの労働者は、自分の仕事は生産的で社会に貢献するものだとは感じていないということなのです。

例えば、どうでもよい会議に時間を費やし、そのために書類を作成する。誰も読まないだろうと分かっている資料を会議に提出するために仕事の大半を費やすなど、「私は何をやっているのだろう」と感じてしまう仕事が少なくないというのです。

私はかつて、バイトである企業の商品のセールスにかかわっていたことがあります。

まずセールスポイントを会社の上司から教わるのですが、それを聞くと、「あ、これは他の企業の商品の方が優れているのだ」とすぐ分かってしまいます。でも他企業の商品より少しだけ優ったわずかなポイントを強調して売るのです。

このバイトをしていた時は、まさに「なんの意味もないことをやっている」「社会にはなんの役にも立っていないのだな」と思っていたことを記憶しています。

場合によっては、やらない方が社会に貢献するとしか思えない仕事もあるのです。

最近は「エッセンシャルワーク」などといった言葉が使われ、医療や看護、運搬や清掃などといった仕事が社会に必要なものと言われました。そして社会に必要な仕事と不要不急な行動・仕事を区分けて対応するようなことも行われました。

ただ、何が意味のある仕事で、何がそうでないかはそう簡単には判断できません。

でも、およそ四割の労働者が「どうでもよい仕事（ブルシット・ジョブ）」を行っていると感じているという事実は、これまでの世間の常識を大きく揺るがすものです。

働くということは生産的で社会に貢献することであるという常識とは食い違っている現状があるということです。

4．労働は生産的で、遊びは意味のないことなのか？

グレーバーによると、「労働は生産的である」というイメージは家父長制的で男性中心的な発想法から生じたものであるということです（グレーバー［2020］p.304～308）。

男性の労働はモノをつくったり組み立てたりする、あるいは大地の中でモノを育てるといった農業・工業的なイメージが強くありました。そして女性はそれを支えるためにケア的な役割を果たしている、と。そういった男性中心的な発想に基づいて、仕事は生産的なものというイメージが形成され、ケア的なものは見下されるような偏見が生じたのです。そうグレーバーは指摘しています（同上、p.302～310）。

しかし現在の仕事の多くはケア的なものです。

そして現在の仕事のかなりの部分は「遊び」や「エンタテインメント」にかかわったものでもあるのです。必要な物を作るとか、作物を育てるといった生産的なイメージに近いものではなくなっています。

医療関係や教育関係の仕事も、他人とのかかわりが重要な部分を占めています。

喜久井ヤシンの言う「人と出会い、親交を深めて共に喜び合う幸福」が仕事の中でも大きな部分を占めるようになってきたのです。

こう考えると、労働・仕事と遊び・エンタテインメントを区別すること自体が明確ではないことになります。そして、労働・仕事は重要なもの、遊びはそうでないとする価値観自体、疑わしいと言わざるを得ません。

私はいろいろな場でゼミのようなことを行ってきました。遊びや趣味、あるいは自分が大事にしていることについて話し合うような場を持ってきました。学校や塾、あるいはフリースペースのような所でもそれを行ってきました。

そしてある所ではお金をもらい、ある所ではもらっていません。つまり、ある場では仕事として、他の場ではボランティア、あるいは趣味として同じようなことをしているということです。

つまり私にとっては、仕事も趣味的な行動もあまり違いはないということです。

そして、私と似たような状態で仕事・ボランティア・遊びをしている人は少なくありません。

要するに、「遊び」と「仕事」の区別は明確でなくなってきているのです。

5．社会的に自立すること、社会に貢献すること

自立に関して言及する場合、最近は、経済的自立よりも社会的自立という言葉がよく使われるようになってきています。

社会的に自立するとは、親からの精神的自立や経済的自立に加えて、地域コミュニティなどの公共的活動に参画する活動も含んだあり方を示しています。つまり働くだけでなく、ボランティア活

動などを通して社会に貢献していくことを含んだ概念です（本書第一章、P.36）。

そして、「不登校」について言われているのは、その「社会的に自立すること」へのリスクなのです。

学校を長期にわたって休んでいる人で、ボランティア活動に積極的に参加している人は少なくないのですが、なぜか「不登校」はそう捉えられてしまうのです。


そもそも、「公共活動に参画する」「社会に貢献する」「人の役に立つ」とは何を意味するのでしょうか。これも非常に分かりにくいことです。

にもかかわらず、この言葉は「不登校」経験者に重くのしかかってきます。

そのプレッシャーの中で、「私は何の役にも立たないダメな人間なのではないか」と思ってしまう人は少なくないのです。

6．「社会に貢献すること」「人の役に立つこと」というイメージが持つ抑圧性

「貢献する」「役に立つ」という言葉は全く不明確なことであるということをまずは確認する必要があるでしょう。

ある人たちに役に立っている、社会に貢献していると思ってボランティア活動などをしたとしても、別の人から見たら、役に立っていない、むしろ他の人たちを傷つけているといった批判を受け

ることは多々あります。「役に立つ、立たない」はその人の価値観、社会観によって違ってくるのです。

目の前の人が困っていると思って、人助けのつもりで行動したとしても、「余計なことをしている」と思われてしまうこともあります。

「はじめに」や第二章でも書きましたように、私は六年間つとめた高校教師を辞めた経験があります。その後フリースクールなどにかかわったりして暮らしてきたのですが、そこで何人かの生徒たちから聞いておどろいたのは、「一番いやなことは、時々、やめた学校の先生から電話がかかってきて、『どうしてるの?』などと聞かれることだ」といった話です。

こういった話は教員をやっていた経験からすると驚きでした。

私の経験からすると、学校をやめた生徒に「どうしてるの?」と声をかける先生は良心的な人だろうという感覚を持っていたからです。

普通の先生は学校を辞めたら、その生徒にはかかわっていきません。それでも気にかけて電話するというのは良心的な人なのだろうと思ってしまうのです。

教師としては、生徒のため、その子の役に立ちたい、支えになりたいといった感覚があってのことだろうと推測してしまいます。

でも、いろいろな圧力にあいながらもやっと学校を辞めて、新しいあり方を求めて動き出した生徒にとっては、苦しい思い出を引きずる学校から電話がかかってくることはたまらないことのようでした。

以前からよく話し合っていた先生からかかってくるならともかく、それほど話したことがない担任の先生からの電話には、なんとか支えてあげよう、助けてあげようという思いが伝わり、とても嫌なことのようでした。

このように「役に立つ」「人助け」「支えよう」といったことは、場合によっては「余計なこと」になってしまうのです。

要するに、「貢献する」「役に立つ」ということは、さまざまな見方から論じられ得ることなのです。

にもかかわらず、「社会に貢献する」といったことが自立の基準の一つになっています。しかもそれが大きなプレッシャーを与えてしまう観念になっています。これはおかしなことだと言わざるを得ません。

「不登校」や「ひきこもり」の人たちと話していて思うのは、こういった価値観のプレッシャーです。「ふつう」のあり方からズレていると感じている人たちに重くのしかかってくるのが、この「自立」というイメージなのです。

そしてこの価値観・イメージから自由になることが、自身のこれからのあり方を考えていく上で重要なこととなるのです。

もちろん、働かない方が良い、などと言いたいのではありません。

「自立」といったはっきりしない観念が人にプレッシャーを与えてしまうほど支配的になってしまっていることを問うていく必要があると言いたいのです。

まずは、そこから自由になってこれからのことをゆっくり考えていく、それが大事なことだということを述べたいのです。

7．「ふつう」のあり方を問い、自分のあり方を問い直していく関係とは

では、そのことをどのように行っていけば良いのでしょうか。

「働くこと、自立すること」を問い直しつつ、新しいあり方を模索していくためには、当然この社会のあり方や、私たちの関係のありようもまた問い直す必要があります。自立を迫ってくるような社会を問うためには、社会保障制度や生活保護の制度、ベーシックインカムやベーシックサービスといった施策、教育制度、そして現在の社会システムそのものにも問題を広げざるを得ません。

この社会を生きていきながら、それをどう行っていけばよいのか具体的に考えていかなければなりません。

これはかなり困難さをともなう作業です。

この作業を行うためには、まず共に考え模索していける場・関係をつくっていくことが肝要となります。

「不登校」経験者は、少なからず苦しみ、孤立し、自己否定的になっています。新しい方向を模索しようとすることすらできない状態に陥ってしまうこともあります。ですからさまざまなことをゆっくり考えていける関係、場をつくっていくことが必要なのです。

だからといって、一人の状態で考えることを否定しようとは思いません。

何年間か自室に閉じこもっていた人がこう話してくれたことを思い出します。

その人は親からはゲームばかりやっていて、だらしないと見られていたそうです。でも「確かにゲームばかりやっていたけれど、これから先の自分のあり方も考えていて、頭の中はずっとパンパンだった」と語ってくれました。そして「自室で考えていたことは、現在の自分のあり方をつくってくれている」と。

一人でいることは決して否定すべきことではありません。ただ、苦悩に陥り、それでも何かを模索していこうとするとき、なんらかの関係や場所は大きな意味を持ってくるのです。

第三節　共に模索していく関係

では、どのような関係が必要とされているのでしょうか。漏れ出していく方向、逃げ出していく方向性を共に模索していく関係とはどのようなものなのでしょうか。

1．斜めの関係

教育や心理相談の世界では、以前から「斜めの関係」の重要性が唱えられていました。「たての関係」でもなく「横の関係」でもない「斜めの関係」、それこそが相談しやすい関係である、と。

「たての関係」、つまり先生と生徒、親と子ども、あるいは上司―部下といった上下関係にある人との相談は困難さをともないます。親は息子・娘に対して強い愛情を持っているだけに冷静に子どもの話を聞くことは難しいのです。また、「私の子どもがダメな人間と見られているのではないか」といった世間的なまなざしの影響も強く受けてしまいます。教員もまたついつい指導的な立場に立ってしまい、生徒の言うことを素直に受け止めることができにくい立場にあります。特に自分の学校やクラスの生徒に対しては冷静になれないことが多いのです。

「不登校児童生徒」が学校の先生、ましてや担任の先生に相談することはかなり困難なことです。

学校やクラスに通いづらい何かがある場合、そのことを担任に打ち明けることは非常に難しいことなのです。

要するに、「たての関係」では、上下、支配―被支配の関係がともない、愛憎や利害も強く絡み、相談を受ける側が相手の気持ちを素直に受け止めることができにくい状態になってしまう場合が多いということです。

では「横の関係」、つまり友人などはどうでしょうか。

友人に話す場合も、しゃべりにくいテーマはいくつもあります。同じ学校の友人に話せない話題は多いのです。同じクラスのあり方や生徒のことなど、話しにくいことが多数あります。

「親友にこれまで他人に喋ったことのないことを話すのは難しい」という人がいました。せっかくできた友人関係が壊れてしまうのではないか、そう思うと「相談しにくい」と言います。築き上げた友情を壊したくない、だからどう受け止められるかわからないようなことは打ち明けたくない、と。「親友なのだからなんでも打ち明けてほしい」と言われがちですが、「横の関係」も実は相談しにくい関係なのです。友情・愛情が逆に足かせになってしまうことが多いのです。

そこで「斜めの関係」が良いと言われます。

精神科医の笠原嘉は「斜めの関係」の例として叔父、叔母との関係を上げていました。叔父は「情緒的にまきこまれたり、愛憎のしがらみに溺れるといった危険が少ない。父親と違って自分が無責任であり得る程度に応じて、それだけ青年の言葉に耳をかし考える自由度をます」（笠原嘉

［1977］、p.120）と述べています。

要するに、斜めの関係では、お互いの感情も薄く、利害関係もなく、この子をなんとかしなければならないという責任感も薄いのです。ですから逆に相手の気持ちに耳を傾けようという自由度も増すのです。

また、相談する側も、何かを打ち明けた際に、「え、そんなことを考えているのだ！」と相手に驚かれ、今後の関係がギクシャクするようになったとしても、それほど心配することはないのです。もともと大事な関係ではないのですから。

ですから「斜めの関係」はある意味で無責任なだけに、逆に何かにとらわれずに相談しあえる関係になり得るということです。

また、よく知っている友人や親と違って、今まで気づかなかった考え方・ヒントをもらうチャンスも多いのです。

だから、「斜めの関係」は相談しやすい関係と言われてきたのです。

そして、精神科医やカウンセラーもそういう「斜めの関係」にある人たちをモデルにしてきたとも言われてきました。

笠原嘉も「精神療法家はつねに多少とも叔父的（叔母的）立場に身をおくように努めているのだと思う」（同上、p.122）と述べていたのです。

2. 社会の要請に対しても斜めであること

確かに、たてや横の関係は相談しにくい関係です。そういう話は生徒たちからもよく聞きます。ただ、斜めの関係にありさえすれば相談しやすいというわけではありません。斜めの関係にあったとしても、「なんかあの人は私を支えてあげよう、自立できるように助けてあげよう」という押し付けがましい姿勢が見え隠れしていて嫌だ、と言われてしまうこともあるのです。

しかし斜めというのは単に直接的な上下関係や横の関係にないことだけを意味しているわけではありません。

笠原嘉は「それは父親―息子の関係に対し斜めというだけでなく、時代や社会の要請に対しても斜めの、いささか無用者的なニュアンスを必要とする」（同上、p.122）とも述べています。

では、「時代や社会の要請に対しても斜め」とはどういうことを意味しているのでしょうか。それは「ふつうに学校に通ってほしい」「ふつうに生きてほしい」などといった社会的要請に斜交《はすか》いにかまえていることを意味します。つまり世間的要請から距離をおいているということです。『ふつう』のあり方に戻れるように支えてあげる」といった押し付けがましい姿勢から離れているということなのです。相談してくる相手の話をきちんと受け止めるということは、社会の一般的な要請から自由になることをも意味しているのです。

笠原嘉は治療的文脈から「斜めの関係」について言及していたのですが、この「時代や社会の要請に対しても斜め」という意味をさらに徹底化させると、治療すること、支援することからも距離をおくということにならざるを得ません。

「不登校」問題でいえば、「学校に戻ってほしい」『ふつうに社会に出て、働けるようになってほしい」といった社会的要請に対してはすかいに構えること、距離をおくことは、「社会的自立へと導く」という支援者などに要請される役割から距離をおくことを意味します。支援する、治療するという役割から離れるということでもあるのです。

ですから、世間的に見れば、その人は役に立たない人、無用な人、無責任な人と見られるかもしれないということです。

そして、相談する／される、支援する／される、治療する／されるといった関係そのものからも距離をおくことにもなっていきます。

3．斜めに横切る（trans-）関係

この「斜め」という意味をより徹底化させていくと、「～を超えて」「～を横切って」という意味になっていきます。つまり通常の区分を超えて、あるいは横切ってつながっていくという横断的関係になっていくのです。

この「～を超えて」「～を横切って」ということは英語やフランス語ではトランス（trans-）という言葉になります。

トランス（trans-）という語はトランス・ジェンダーといった言葉の接頭辞としても使われます。トランス・ジェンダーとは男／女という「ふつう」の意味でのジェンダー・アイデンティティ（性自認）を超えたあり方、あるいは横切ったあり方を意味します。

そういったように、二項対立を超えていく、横切っていく、という意味をトランスという言葉は持っているのです（リーダース英和辞典）。

このように、「斜めの関係」をトランス trans つまり「超えていく」「横切っていく」関係へと広げて考えていく必要があると私は考えています。「時代や社会の要請に斜め」ということは、通常の二項対立的な区分を横切ってつながっていく関係へと広げていく必要がある、と。

男／女という区分や支援する側／される側、教える側／教えられる側といった区分だけでなく、学校に通っている人／通っていない人という区分も超えていく、横切っていくということへも広げていく必要があります。

もちろん、たてや横の関係はダメということではありません。フリースペース、フリースクールなどでの友人関係、同じ状況にいる人たちとの横のつながりなどが大きな意味を持つことは確かです。

現在のように、学校に通っていない人はここで学ぶ、「障害者」はここ、といった具合に「振り分ける」施策が進んでいる状況の中で、この区分けを超えていく、横断していく関係を模索していくことはとても大事なことだと思うのです。学校に通う人も通わない人もつながっていく関係、集いをつくり出していくことは肝要なことなのです。

私が出会ってきた「不登校」経験者はさまざまな問題に直面しています。性自認（ジェンダー・アイデンティティ）や性的指向の問題、生死という問題、他人とは何か、学ぶとは何かという課題、格差、貧困、差別などなどです。

こういったテーマは「不登校」経験者だけが直面しているものではありません。これらの問題を考えていく関係を学校に通っている／通っていないで区分することはできないのです。

事実、こういった区分けを超えた関係の中で、何かを見つけた人は少なくありません。

それだけに既成の区分を超えた、あるいは横切った関係をつくっていくことはとても大事なことだと思うのです。

4. 既成の枠組みから漏れ出た部分を考える関係

特に、何かわからないが「ふつう」とされているものからズレている部分、水漏れしている部分を模索する場合、いつもと違った関係の中でヒントを得ることが多いのです。

「あ、そうか、ズレをこう考えればいいのだ」と気付くのは既成の関係から距離をおいた関係の中が多いのです。

よく言われているように、同じ学校、同じ職場の人間関係とは違った関係の中で全く異なった視点に出会い、今まで気付かなかった部分が見えてくることもあります。まさに「斜めの関係」「横断的関係」が意味を持つのです。

私はある塾で、生徒たちと廊下で雑談をしていたとき、離人感の話をしたことが印象に残っています。

10代の頃私は、自分自身が身体から離れて、親と話している光景を斜め上から眺めているという感覚を時々抱いていました。友人と話している場合でもそれがありました。しゃべっている光景をさめた目で上から眺めているといった感じです。その時は現実感が薄く、私はこの世にいるのだという実感も薄かったのです。そういった離人感的な感覚を私は時々持っていたのです。

このことを他人に話すことはありませんでした。他人に話したところで何も問題はないのですが、なぜか他人に話してはまずいという偏見的な思いを抱いていたからです。

しかし、50歳代になってはじめてそのことを話しました。三、四人の生徒と立ち話をしていた時、ある生徒が自分の離人感について話し出しました。それに応じて、私も自分が体験した離人感について話しました。もう一人の生徒も話し出し、なんかお互い通じ合ったような印象を持ったことを覚えています。

後から考えると、そこが教室でも相談室でもなく、廊下という場での立ち話だったことが大きかったと思います。教える／教えられる、相談する／されるという関係から距離を置き、気軽にいられる場だったことが大きかったのです。教師−生徒という関係から完全に離れることはできないのですが、まさに与えられた役割に斜交《はすか》いでいられた場だったのです。

このことを契機に離人感についてこれまでとは違った形で考えられるようになったことを思い出します。

そのように、はすかい・斜めでいられる場、気軽にいられる関係がズレや漏れを見つめる契機になっていくことがあるのです。


また私はあるスペースで、生徒と顔を合わせないでかなり深い話をしあった経験もあります。廊下をゆっくり歩いていた時、そばに置いてあった段ボールの中から、ある生徒に「中島さ〜ん！」と呼び止められました。その後、顔も見ないままでけっこう突っ込んだ話をしあったのです。

その生徒にとっては段ボールの中が一番落ち着く場だったようです。いわば秘密基地のような場所だったのです。彼にとっては、まさに社会的まなざしから距離をおける場所であり、他人と普段と違った関係で話せる場だったようです。

こういった普段と違った場、横断的な関係は、今までと違った特異的な出会いへと開かれ、世間とのズレや漏れについて考え直していく場にもなり得るのです。

第四節　さまざまな出会い・出来事に開かれた関係

1．出会い・出来事が生成変化の契機に

横断的な関係・場とともに重要なのは出会い・出来事に開かれた関係・場です。

では、その出会い・出来事に開かれた関係についてどう考えていけばよいのでしょうか。

出来事は「ふつう」のあり方からズレていく原因として議論されることが多いと思います。しかし、出来事は新しいあり方へと生成変化していく契機でもあります。苦境から脱するきっかけにもなるのです。

「自分の心が他人から読み取られているような気がする」と言っていた生徒がいました。しかし他人にそのことを話しても、大抵は怪訝な顔をされながら流されてしまうという感じだったそうです。

でもある場で、ある人にそのことを話したら、「あ〜、俺もそう」と応じられ、初めてその感覚について話し合えたそうです。その出会いを契機に他人に対して自分の考えをそのまま言うことができるようになったと話していました。それまでは、自分の感覚・意見をストレートに他人に言ってはダメだと思いこんでいたそうです。

自分と社会のズレを埋めることはできないけれど、それ以降は、生きるために無理矢理社会に合わせることはないのだと思えるようになった、と話していました。ズレながらも自分を隠さず、楽しく生きていける道を探せるのだ、と。

こういった出会い・出来事は新しいあり方へと変わっていく上で大きな意味を持っています。人と人との出会いだけでなく、誰が言ったかわからないが印象に残った言葉との出会い、ある考え方との出会い等々、特異的な出会い・出来事がズレや漏れが向かう方向性を探る上で大きな意味を持つことが多いのです。

そういった出会い・出来事に開かれている関係をつくっていくこと、それはとても大事なことなのです。

2．出会い・出来事に開かれた関係——対話

まずそういった出会い・出来事に開かれた場として考えられるのはさまざまな人たちとの「対話」の場です。

対話というのは、各人が自分の経験や思考にもとづいたメッセージを交換し合う行為と一般的には捉えられています。それぞれが自分の生きてきた経験に裏付けられた意見・ストーリーを発表し合うこと、つまり一人一人のモノローグ（独白）の重なり合いだ、と。

しかし、ロシアの言語学者ミハイル・バフチン、そしてその理論の上に立ってフィンランドで展

開されているオープン・ダイアローグ(13)という技法の考え方によれば、対話というのはモノローグの重なり合いではなく、多様な声（ポリフォニー）の出会いなのです。

バフチンは、対話はポリフォニックな音楽のようだと言います。誰かの声が支配的なのではなく、いくつもの声が対等に応答していくものですし、強い相互作用によって成り立つものだ、と。また、ダンスにも例えられています（ミハイル・バフチン［1995］、ヤーコ・セイックラ＋トム・アーンキル［2019］）。

私たちがダンスをする際、相手の身体の動きやリズムに合わせようとします。それと同じ様に、会話の内容も相手の反応、動き、表情、トーン、リズムに合わせて変化していきます。

私たちが対話の中で話す内容はあらかじめ準備したものの発表ではありません。内容は、話し合っている相手の反応に応じて変化していくのです。相手がどんな応じ方をするのか、話しているところはどんな場なのか、それによって話すトーン、リズム、強調の仕方、内容は変化していかざるを得ません。

内容が大きく変わってしまうことはないにしても、強調すべき箇所・重みなどは変化してしまうのです。

まさに、対話は何人かの人たちとの「あいだ」で行われるのです。対話とは「あいだ」で起こる出会いであり出来事なのです。その出会い・出来事は話し合っている人との相互作用によって成り立っています。したがって、話している人たちはその対話に強い影響を受けざるを得ないのです。

私が廊下で離人感について話した時、生徒たちの表情、場の雰囲気、トーンに応じて、離人感を「軽いもの」として話せたことを覚えています。

発言内容は、どこで話したのか、廊下なのか段ボールの中なのかといった場によっても変化します。また当然、どんな相手なのかによっても変わるのです。音楽のように、ダンスのように、相手の声、トーンやリズムによって作用されるということです。

対話はまさに何人かの「あいだ」で起こる出会いであり出来事なのです。そしてその出会いは私たちのあり様が変わっていく契機ともなり得るのです。

しかし、対話のスタンスは崩れやすいものです。人は「対話」よりも「戦略」に走りがちだからです（ヤーコ・セイックラ＋トム・アーンキル［2019］、p.66）。他人をある方向へ変えてやろうとする戦略をとろうとしがちなのです。

この戦略は特に専門家がとりたがるものです。心の専門家や教師は生徒をある方向へと導こうとする戦略をとろうとします。しかし、その戦略は応答性や相互性を弱め、対話性を危機にさらすことになってしまいます（同上、p.66）。

また、対話にはさまざまな社会的文脈が重なり合ってきます。社会的要請や支援的文脈などが複雑に絡み、それぞれの文脈を押し付け合う場にもなってしまう可能性もあるのです。そうなると相互作用という対話が持っているものは薄れてしまい、対話は出会い・出来事に開かれたものではなくなってしまうのです。

だからこそ、出会いや出来事に開かれた対話性を維持するためには「社会的要請に対して斜め」の立場をお互いが保持していく必要があります。そしてそのことによって、人々は対話の中で生成変化していく契機を得ていく可能性が広がるのです。

3．どのような問題を考えあうのか

私たちが話し合う時、どんな「問題」で対話しているのかということも重要なことです。「相手をある方向へ導こうとする戦略」や「社会的要請」から距離を置くということ、それと同時に、どんな「問題」について話し合うのかも大きな事柄になってきます。

「不登校」を社会的自立へのリスクと捉え、どのように社会・学校に適応させていけばよいのか、そのためにはこれからどうしていけばよいのか、といった問題で話し合うのと、各々が直面している問題について議論するのでは対話はかなり変わってしまいます。


ある「進学高校」であまりに受験中心的な授業をうけ続け、「何のために勉強しているのだろう？　学ぶってどういうことなの？」と考えるようになり、学校を休みはじめた生徒がいました。その生徒は、中学校でのある出会いから「障害者」問題を考えるようになっていました。そこから考えはじめた問題と高校での学びはあまりにかけ離れていたのです。

しかし、学校の教員やカウンセラーたちは学校を休むこと自体をマイナスと捉え、「メンタルの状態はどうなのか?」という問題の立て方でこの生徒の話を受け止めていたようです。

生徒が問いかけていた「なんのために勉強するのか?」という問いと、「メンタルの状態」を問う問題は全く違っています。

その生徒は、学校のあり方、教育のあり方そのものを問うているのに対し、学校の人たちは、「学校に戻すためにはどうするか」と問題を立てるのです。これでは全く対話になりません。

どんな問題を立てて話し合うのか、これはもっとも大事なことと言えます。

生徒が立てた問題について話し合うのか、それとも生徒の状態をマイナスと見て、「心の問題」を考えるのか、このズレはものすごく大きなものです。教師やカウンセラーがどのような問題を立てているかは、口に出さなくても、応じ方で生徒には伝わってしまうのですから。

4. 問題を共に考えていくこと

もちろん、どの問題が正しく、どれが間違っているなどと言いたいのではありません。こういった状況、こういった人にとって適切な問題の立て方はこれであるなどと判定することなどできはしません。

私たちはさまざまな出来事に遭遇し、今までとは全く違った状況で生きざるを得なくなることもあります。その時、「どうしたのだろう?」「いったい何が起こっているのだろう?」と問いを立てざるを得ません、そして「これからどうしていけばよいのだろう?」と考えざるを得ないのです、事態がはっきりとは見えないのですから。

ましてや、既成のあり方を揺るがしてくる出来事、「外」の力を持った出来事に遭遇したとき、どんな問題を立てて考えればよいのかは誰にも分かりません。

だからこそ、私たちはどのような問題に直面しているのかをいろいろな人たちに問いかけ探ろうとするのです。

そこで、同じような状況にいる、同じような問題を考えていると思われる人たちと話し合っていこうとします。共に考えあっていこうとするのです。

問題の立て方によって解は違ってきます。つまりこれからのあり方はどんな問題を立てるかによって変わってこざるを得ないのです。学校に行かない、あるいは行けなくなった状況をマイナスと捉え、どうしてなのかという問いを考え、解決を探るのと、「何のために勉強するのか」という問題を考えていくのでは、解の方向性は全く違ってきます。

残念ながら、「心の健康」問題がメジャーで、生徒が立てる「何のために勉強するのか?学ぶって何だろうか?」という問いを考え、方向性を模索しあっていく関係・場は少ないと言えます。それだけに、自分がいる状況、直面している問題をマイナスと捉えず、自己否定的にならずに考えあっていく関係を築いていくこと、それこそが大事になってくるのです。

「共に考える」といっても、まったく同じ問題、同じ方向性で考え合わなければならないということではありません。問題の立て方が微妙にズレていたり、方向性が違っていていても構わないのです。

この互いのズレは時に大きな意味を持つこともあります。ズレと出会うことによって、「あ、こういう見方もあるのだ。なんか、考え方の幅が広がったような気がする」と語る生徒も少なくありません。今まで自分が考えていた問題が修正され、これからのあり方を新しい問題設定の中で模索するようになった」と語る人も多いのです。

ともかく、お互いが置かれている状況が少しでも見えてくるような問題を立てることが肝要です。そして、立てた問題を大事にしながら考えあっていく、そのことが、新しいあり方の模索へとつながっていくのです。

しかし、現在の「不登校」対策では、さまざまな分野の専門家たちやさまざまな場の人たちが連絡を取り合い、情報を確認しながら、切れ目なく組織的に支援していくことが求められています。さまざまな場や関係の中で支援策がバラバラにならないように連絡を取り合うことが求められているのです。

連絡を取り合うことを全否定はしませんが、場や関係が持つ差異、そしてそこで出会う出来事の特異性に向けて開かれていくことは非常に重要なことなのです。

出会いが持つ意味に向けて開かれるためには、統一的、組織的であろうとしすぎることは逆効果になりかねません。差異や出来事に閉ざされることにもなりかねないのです。

以上述べてきましたように、社会的要請や他人をある方向に導こうとする戦略から距離を置き、横断的な関係の中で、各々が立てた問題を大事にして考えあっていく関係、そしてその中で互いのズレや漏れをマイナスと捉えないで話し合い、新しいあり方を模索しあっていく、そういった関係が必要なのです。

そのような場・関係はメジャーではありません。しかしないわけではありません。むしろかなりあると言えるかもしれません。七〇年代頃から「共に考え、模索していく場・関係」はいくつも創られてきたのです。

私たちは、こういったさまざまな集まりや話し合いの場に重ね合わせて、さらにいろいろな関係を形成し、横断的につなげていく必要があると思うのです。

5．言葉だけでない模索も

これまで対話や考えあう場など、言葉を通した関係について書いてきました。しかしもちろん、ズレや漏れ、逃げの方向性を探り、新しいあり方を模索していく方法は言葉の交換や議論、思考だけではありません。

何年か家に閉じこもっていた人がフリースペースのような場に来て、「家では考え続けていて頭が疲れるくらいだったけど、ここでは何も考えなくていいから好きだ」と言っていたことがありました。そして、その人は友人とゲームをしたり、何かをつくったりしていました。

何かを描いたり、創作したりする行為、さらに散策する行為など、さまざまな行為は大きな意味を持つことも多いのです。

数年間家にひきこもっていたある生徒は、何かのきっかけで絵画を描きたいと思い、それを続けていくうちに何かをつかめたようで、「大きく変われた」と話していました。親御さんも「信じられないくらいどんどん変わっていった」と語っていました。

絵を描くことや陶芸など、何かを創作することによって自分なりの進路を見つけていった人は少なくありません。

また、散策することで何かを感じとった人もいます。

近くを散歩するだけで気分が変わったという経験を持っている人は少なくないと思います。晴れた空を眺め、木漏れ日をあびるだけでほっとした、と。

歩き回っていく場・環境もまたいくつもの出来事が起きるところです。人や動物と出会ったり、花が咲いていたり、雪が降ったり、小さな出来事・出会いがいくつも生じている場です。また、かつての出会い・出来事の思い出がつまった場所でもあります（Deleuze［2010］、九章）。ゆっくりと彷徨い歩いていた時、その場で起こったことを鮮明に思いだし、そのことが何かを気づかせてくれた、と話していた人もいました。

家にひきこもっていた時、いつも裏山を歩き回っていたが、その山の秘密基地のような場所から見える景色が力を与えてくれていた、と話してくれた生徒もいます。

そういった小さな出来事の重なりの中から形成された気持ちが何らかの方向性を生み出していくのです。はっきりと言語化されていないとしても、気持ちは動いていくのです。

第五節　今後に向けて——まとめにかえて

1．本章のまとめ

第六章では、「ふつう」のあり方からズレたり、漏れ出している自身のあり様をどう考え、新しいあり方をどう模索していったらよいかについて述べてきました。そして、それを妨げるようなプレッシャーについても考えてきました。

その圧力の最も強いもの、つまり「働くこと」「自立すること」に関する観念について、「遊び」のようなものを怠けと見てしまう捉え方について、そして、そういった観念から自由になって考えていくためには、どのような関係・場が必要かについても考えてきました。

その関係・場で求められていることは社会的要請から離れた横断的なものであり、出来事・出会いへと開かれることです。

2．大きな出来事、小さな出来事が提起する問題を身近な関係から考えていくこと

このところ私たちは考えてもいなかった大きな出来事に遭遇しています。二〇一一年三月一一日の震災、原発事故、そして新型コロナの感染拡大といった出来事は、私たちのあり方を大きく変えていくものでした。そして多くの問題を提起しました。

これこそが正解であると皆が納得するものはありません。しかし、私たちが今後考えていかざるを得ない根底的な問いをいくつも生じさせたことは確かです。

また、その大きな出来事にかかわっていくつもの小さな出来事も生じています。

私はこのところ、福島の原発事故にかかわる出来事に遭遇し、いろいろと考えるようになった「不登校」の生徒と会うことが多くなりました。また、新型コロナにともなって生じた変化によって影響を受けた生徒たちとも出会います。

そういった生徒たちと出会う中で、身近なレベルで起こっていることを軸に考えていくことの重要性を改めて感じます。

もちろん大きな社会構造の変化、マクロレベルの問題を考えていくことは重要です。しかし、それは現に身近なレベル、ミクロレベルで生じてくる問題を通して考えなければ意味を持ちません。

3.「家庭か学校か」ではなく、社会的要請から距離を置いた横断的関係の中で

感染症対策として学校の休校措置がとられました。また、テレワークも進展し、私たちの環境は大きく変化しています。

私が出会った「不登校」生徒はこの事態にさまざまに対応しています。

ステイホームと言われたことによって「ホッとした」と安心した人もいます。

学校に行けなくなったことを強く気にしていたが、「皆、学校に行くな！」「家に居なさい！」と指示されたことは、「本当に嬉しかった」と。学校に行かないのは自分だけではなくなったのです。

ただ、家庭に居場所がない生徒にとってはかなり厳しい事態です。

ふだんは居ない親も家でテレワークを行っています。そうでなくともホッとできない場所なのに、親や兄弟にも常に気をつかわざるを得ないのです。

たまらず外に出て、喫茶店にでも行こうとしても、そこも自粛で営業していません。

フリースペースも閉じており、行き場を失ったという生徒も少なくありませんでした。

そこで問題になってくるのは「学校か家庭か」にしか関係・場がなくなっている状況です。

私が小学生だった一九五〇年代は、まだ地域の関係が色濃くありました。友人も地域におり、遊んだり話したりしていたものです。何かあったときには近所の人に相談したりする関係もあったの

です。

しかし、現在、生徒たちが築いている関係は「学校か家庭か」になっています。話す相手は学校の人たちか家の人たちかに限られているのです。

最近はネットなどによって、地域でも学校でも家でもない人たちとのやりとりが広がっています。しかしこの間の事情を見るとその関係は限られているようです。


こういった状況だからこそ、学校でもない家庭でもない関係が求められています。あるいは学校でも家庭でも地域でもある関係、それらを横断的に横切ってつながっていく関係が強く求められているのです。

私たちが出会っている大きな出来事、あるいは小さな出来事が提起する問題を考えていくためにもこういった関係が必要なのです。またこれらの出来事などによって「ふつう」のあり方からズレ、漏れ出してしまった自身のあり方、そして社会のあり方の今後を模索していくためにも、社会的要請から離れた関係・場が必要となっているのです。

「働かなければならない」「自立していかなければならない」などといったプレッシャーから自由になり、ゆっくり考えあう、あるいは楽しみあう関係、それこそが求められていることであり、私たちが直面している問題に迫っていける関係・場なのです。

注

(13) オープン・ダイアローグ
フィンランドで一九八〇年代から実践されている主に「統合失調症」に向けた対話・治療法です。依頼を受けた場合、医者や心理士などが「患者」のもとに集まり、何度も「患者本人」を交えた対話を重ねていくやり方です。本人が納得しない限り、治療方針などを決定することなく、「開かれた対話」を続けていきます。

参考文献

笠原嘉　一九七七『青年期　精神病理学から』中公新書。
内閣府　二〇〇五『若者の包括的な自立支援方策に関する検討会報告』https://www8.cao.go.jp/youth/suisin/jiritu/19html/houkoku2.html.
広瀬義徳・桜井啓太編　二〇二〇『自立へと追い立てられる社会』インパクト出版会。
林恭子・斉藤環編　二〇二〇『いまこそ語ろう、それぞれのひきこもり』こころの科学　メンタル系サバイバルシリーズ（こころの科学増刊）日本評論社。
デヴィッド・グレーバー　二〇二〇『ブルシット・ジョブ　クソどうでもいい仕事の理論』岩波書店。
ヤーコ・セイックラ、トム・アーンキル　二〇一九『開かれた対話と未来　今この瞬間に他者を思いやる』斉藤環監訳　医学書院　原著は二〇一四年。
ミハイル・バフチン　一九九五『ドストエフスキーの詩学』望月哲男、鈴木淳一訳　ちくま学芸文庫。
Gille Deleuze 1990 'Ce que les enfants disent' "Critique et Clinique" Les Editions de Minuit「九章　子供たち

が語っていること」『批評と臨床』守中高明・谷昌親訳　河出文庫　二〇一〇。

あとがき

本書は「不登校」を「メンタル・心の問題」として捉えようとする傾向を批判したものです。「不登校」生を「精神的に弱い人」としてみてしまう周囲の人々の偏見的まなざしの抑圧性を問題化し、生き方、あり方への本人の問いをそのまま受け止め思考していくことをめざした本です。

学校をなんらかの理由で長期的に休むと、周囲の人は「この人はメンタルが弱い人なのではないか」と見る傾向があります。親御さんが「私が心の弱い子に育ててしまったのではないか」という危惧を抱く場合も少なくありません。

私はこれまで多くの「不登校」経験者と出会い、語らってきました。高校、フリースクール、フリースペース、塾などで、一緒に遊んだり、合宿したり、考え合ったりしてきました。

その出会い・語らいの中で強く感じたのは、現実と周囲の人たちが持つイメージのズレです。

ある生徒が「知人から『あなたは不登校なんだよ！』と言われて驚いた」と語っていたことが印象に残っています。

学校以外の場所で学んだほうが面白いと思って休んでいただけなのに、知り合いから「不登校」について書かれている記事を見せられ、「あなたはここに書いてある『不登校』なのだから、カウンセラーのところに行きなさい」と言われ、「あ〜、私はよく世間で言われているあの『不登校』なんだ、とはじめて思った」と言っていました。

その記事には、「不登校」と精神的問題の関係・対策について書かれていたとのことです。

このように、世間でイメージされていることと本人が経験したことの「ズレ」を話す人は少なくありません。

世間の人々が持つイメージと現実はズレているのです。

しかもこの周囲の人が持っているイメージは「抑圧性」を持ってしまいます。

このイメージが「当事者」を自己否定的な姿勢へと追い込んでいくことも少なくないのです。

「なんとなく嫌になって学校に行かなくなっただけだと思っていたけど、私は結局、精神的に弱い人間だと思うようになりました」と、自分を責めてしまう形になった人もいます。

「不登校」生をひとくくりにして「メンタルの問題を抱えた人」などと捉えることはできません。

「不登校」経験者はさまざまな問題に直面し、さまざまな形で生き方・あり方を模索しています。

にもかかわらず、「不登校」と聞くと「メンタル的に弱い」とだけみてしまう傾向が強いのです。

本書はこのことの問題性を明らかにすることを目標としたものです。そして、「不登校」生が直面しているさまざまな問題を共に思考していくためにはどのようにしたらいいかを書いた本です。

ですから、心理学的、精神医学的なまなざしから解決策を模索するのではなく、「不登校」という状態・状況の中での生き方・あり方への問いを、まずそのまま受け止めることをめざしました。

この「メンタルの問題」を見るまなざし・イメージはかつてより弱まってきてはいます。七〇年代後半、八〇年代には、「登校拒否症」などと言われ、「心の病」として捉えられていました。でも、現在は文科省も「心の病」とは捉えていません。

しかし、依然として「心理的な負担」が強調されていますし、周囲の人々の「メンタルの弱さ」を見ようとする傾向は減っていません。

この「精神的弱さ」を見るイメージは「不登校」をマイナス状態と見て、特別視するまなざしにつながっています。

「ふつう」の子だったら、少々のトラブルに直面したとしても、なんとかのりこえて生きていっている。でも、「不登校」の生徒は、耐えられず、すぐに逃げ出してしまうのではないか、それは精神的に弱いからではないか、などと。

学校を長期にわたって休むことはよくないこと、マイナスなことと捉え、それは弱い人間がすることという特別視がそのイメージには入っているのです。そして、簡単に逃げ出すことをマイナスとみて、それはメンタル面の弱さにつながっているのでは、と思われてしまうのです。

そこには「ふつう」の状態から「外れること」、そして「逃げること」をマイナス的なことと捉えるまなざしがあります。

本当に「逃げること」はまずいことなのか、「ふつう」から「外れること」、「ズレること」はよくないことなのか、そのことを根底的、哲学的に思考した上で、メンタル的まなざしの問題点について本書では書いてきました。

「逃げること」、「ふつうからズレること」は決してマイナスなことではありません。むしろ、これからのあり方を模索していく現実的で創造的な行為・状態なのです。

＊　＊　＊

続いて、「不登校」の原因をいじめや教師のパワハラといったトラウマ的出来事ではないかと捉え、ストレスとの関係で考えようとする傾向について論じました。

九〇年代以降こういった見方は広まっています。

もちろん、いじめなどにあって学校を辞めた人は少なくありません。しかし、原因を問われると、いろいろなことが重なっていて、「よくわからない」と答える「不登校」経験者が多いのです。原因はいろいろでどれが原因なのかははっきりわからない、と。

それでも、「学校を休むくらいだから何か苦しい出来事があったに違いない」と親御さんなどが原因をさぐろうとすることもあります。これを聞いてさらに原因探しを続けざるを得なくなった「不登校」生もいます。そして、結果的にそれが「当事者」を苦しめることになりかねません。

原因にはトラウマ的出来事があるに違いない、強い心的な不快ストレスが原因なのではないか、そういう見方は、場合によっては本人を苦しめ、ゆっくり休んだり、新たな方向を模索する余裕をふさいでしまうことになりかねないのです。


私たちは出来事・出会いによって生き方・あり方を変化させていきます。

それは「不登校」経験者だけではありません。当然のことです。

では、その出来事をどう捉えれば良いのでしょうか。出来事とはいったいどのようなことなのでしょうか。そして、出来事による変化をマイナス的なことと捉えず、あり方の変容を一緒に考えあっていくためにはどう考えていけば良いのでしょうか、そこを考えていくためにはどのような関係・場が必要なのでしょうか。

本書では、そのことも考えました。

何度も書きましたように、「不登校」経験者はさまざまな出来事に出会い、さまざまな問題を考えています。ＬＧＢＴＱといったセクシュアリティに関する問題、学校の中や外で学ぶとはどういうことなのか、他人とはいったいどういう存在なのか、生きるとはなんだろうか等々、根底的な問いを考えている人も少なくありません。

こういった問いに正解はありません。したがって相談される側・支援する側がはっきりとした方向性を示して導いていくことなど出来はしません。まさに共に考え合っていく以外ないのです。

では、そういった関係とはどのようなものなのか、その点についても第六章で触れてきました。

以上書いてきましたように、本書は、「不登校」をメンタルの問題と捉えず、私たちが生き方・在り方に関して直面しているさまざまな問題を共に考え合っていくためにはどのようにしたらよいのか、そのことを考えていく本です。

＊　＊　＊

私たちは、近年大きな出来事に遭遇し、さまざまなことを考えざるを得ない状況にあります。大震災、原発の事故、新型コロナのパンデミック、また温暖化にともなう災害も多く起き、いろいろな問題を考えざるを得なくなっています。

こういった出来事の中で、ストレスへの注目も大きくなりました。

コロナ禍において子どもたちはどのようなストレスを感じているのだろうかという調査も行われ、

議論もされています。またストレスに対してどのような対策があるのかということで、マニュアルなども示されています。

ある意味で「不登校」をストレスとの関係で捉えようとするまなざしが強まっているとも言えるでしょう。


しかしそれだけでなく、新しい生き方、あり様をどう模索していったら良いのかについての議論もさかんになされています。

温暖化など、環境変化の中で今までの「ふつう」の生活・あり方を続けていてはいけないのではないかという問題提起もなされています。まさにこれまでの「ふつう」への根底的な問いかけがなされているのです。

行政も、温暖化への対処施策を打ち出したり、デジタル社会への移行を進めていたりで、これまでのあり様を変化させようとしています。教育のあり方もアクティブラーニングやオンライン授業の浸透など、さまざまな施策がうちだされようとしています。

こういった行政などのマクロ的な動向とは別に、私たち自身、生徒たち自身もこれまでの「ふつう」のあり方への問いかけを続けています。

学校に通っている／いないにかかわらず、自分たち自身がこれから生きていく社会にかかわるだけに、真剣で切実な問いを掲げて議論がなされています。

こういったミクロなレベルでの問い、身近な状況に即した問題提起こそ大事にしなければなりません。もちろん私たちの生き方は社会構造の変化に密接にかかわるだけに、マクロレベルでの施策も考えていかなければならないことは確かです。しかし、それはミクロなレベルからの問いかけと模索を積み重ねることによってしか意味を持たないでしょう。

「ふつう」の生き方・あり方が大きく問われている今日こそ、そういった視点が大事になります。それだけに、私たちは出来事がもたらすストレスだけに注目することなく、「ふつう」への問いかけをきちんと受け止め、真剣に語り合っていく関係・場を広げていく必要があるのです。

新しい「ふつう」のあり方を模索していくことは困難もともなうでしょうし時間もかかるでしょう。それだけにこれからも考え合うことを長く積み重ねていく以外ありません。

時に、互いの言葉がずれたり、食い違ってしまうこともありますが、それを考え合い、詰めていくことが大事である、そう私は思い、試みを続けていこうと思っています。

最後になりましたが、この本を出版するにあたって、書籍工房早山の早山隆邦さんとフリーの編集者、下河辺明子さんに感謝したいと思います。お二人の力がなければこの本は出版には至らなかったと感謝します。

二〇二一年七月

中島　浩籌

著者
中島　浩籌（なかじま　ひろかず）

1946年　島根県で生まれる。慶應義塾大学文学研究科修士課程修了。

1972－74年　パリ大学ヴァンセンヌ校哲学科に留学。

1977年より６年間東京都立高校教諭。

以後、横浜YMCAフリースクール、神奈川県立高校、法政大学などに非常勤講師としてかかわる。現在、河合塾cosmo講師、東京YMCAオープンスクールLiby運営委員。

日本社会臨床学会員。

（著作）『逃げ出した教師の学校論　良心的教師・その権力性』（労働経済社）、『心を遠隔管理する社会　カウンセリング・教育におけるコントロール技法』（現代書館）、『心を商品化する社会　「心のケア」の危うさを問う』（洋泉社）（小沢真紀子氏との共著）、

（分担執筆）『心理主義化する社会』シリーズ「社会臨床の視界」第4巻、日本社会臨床学会編（現代書館）他　ネット掲載のインタビュー記事：『不登校50年証言プロジェクト　＃14中島浩籌さん』（全国不登校新聞社）http://futoko50.sblo.jp/article/179007179.html、他。


「不登校」は心の問題なのか？

逃げる・ズレる、を考える

二〇二一年九月一六日　初版第一刷発行

著　者　**中島浩籌**
発行者　**早山隆邦**
発行所　**㈲書籍工房早山**
〒一〇一-〇〇二五　東京都千代田区神田
佐久間町二-三　井上ビル六〇二号
電　話　〇三-三七二二-三六九三
ＦＡＸ　〇三-三七二二-三六九三
振替　〇〇一〇〇-四-六一〇八五三
印刷・製本　モリモト印刷株式会社

ISBN 978-4-904701-58-4　C0036
定価はカバーに表示してあります。
乱丁本・落丁本はお手数ですが、小社宛お送りください。
送料小社負担にてお取り替えいたします。